TRANZLATY

La lingua è per tutti

Limba este pentru toată lumea

Il richiamo della foresta

Chemarea Sălbăticiei

Jack London

Italiano / Română

Nel primitivo
În primitiv

Buck non leggeva i giornali.

Buck nu citea ziarele.

Se avesse letto i giornali avrebbe saputo che i guai si stavano avvicinando.

Dacă ar fi citit ziarele, ar fi știut că se apropie necazuri.

Non erano guai solo per lui, ma per tutti i cani da caccia.

Nu existau necazuri doar pentru el, ci pentru fiecare câine de la Tidewater.

Ogni cane con muscoli forti e pelo lungo e caldo sarebbe stato nei guai.

Orice câine puternic mușchi și cu păr lung și cald urma să aibă probleme.

Da Puget Bay a San Diego nessun cane poteva sfuggire a ciò che stava per accadere.

De la Golful Puget până la San Diego, niciun câine nu putea scăpa de ceea ce urma să se întâmple.

Gli uomini, brancolando nell'oscurità artica, avevano trovato un metallo giallo.

Bărbați, bâjbâind în întunericul arctic, găsiseră un metal galben.

Le compagnie di navigazione a vapore e di trasporto erano alla ricerca della scoperta.

Companiile de transport cu aburi și nave cu aburi urmăreau descoperirea.

Migliaia di uomini si riversarono nel Nord.

Mii de bărbați se năpusteau spre Țara Nordului.

Questi uomini volevano dei cani, e i cani che volevano erano cani pesanti.

Acești bărbați își doreau câini, iar câinii pe care și-i doreau erau câini grei.

Cani dotati di muscoli forti per lavorare duro.

Câini cu mușchi puternici cu care să trudească.

Cani con il pelo folto che li protegge dal gelo.

Câini cu blană pentru a-i proteja de îngheț.

Buck viveva in una grande casa nella soleggiata Santa Clara Valley.

Buck locuia într-o casă mare în Valea Santa Clara sărutată de soare.

La casa del giudice Miller era chiamata così.

Casa judecătorului Miller, casa lui era numită.

La sua casa era nascosta tra gli alberi, lontana dalla strada.

Casa lui stătea departe de drum, pe jumătate ascunsă printre copaci.

Si poteva intravedere l'ampia veranda che circondava la casa.

Se putea zări veranda largă care înconjura casa.

Si accedeva alla casa tramite vialetti ghiaiosi.

Se intra în casă pe alei pietruite.

I sentieri si snodavano attraverso ampi prati.

Cărările șerpuiau prin peluze întinse.

In alto si intrecciavano i rami degli alti pioppi.

Deasupra se înălțau crengile împletite ale plopilor înalți.

Nella parte posteriore della casa le cose erano ancora più spaziose.

În spatele casei lucrurile erau și mai spațioase.

C'erano grandi scuderie, dove una dozzina di stallieri chiacchieravano

Erau grajduri mari, unde o duzină de miri stăteau de vorbă

C'erano file di cottage per i servi ricoperti di vite

Erau rânduri de căsuțe ale servitorilor acoperite cu viță de vie

E c'era una serie infinita e ordinata di latrine

Și exista o serie nesfârșită și ordonată de latrine

Lunghi pergolati d'uva, pascoli verdi, frutteti e campi di bacche.

Pergole lungi de viță de vie, pășuni verzi, livezi și pășuni de fructe de pădure.

Poi c'era l'impianto di pompaggio per il pozzo artesiano.

Apoi a fost stația de pompare pentru fântâna arteziană.

E c'era la grande cisterna di cemento piena d'acqua.

Și acolo era rezervorul mare de ciment umplut cu apă.

Qui i ragazzi del giudice Miller hanno fatto il loro tuffo mattutino.

Aici și-au făcut băieții judecătorului Miller saltul de dimineață.

E lì si rinfrescavano anche nel caldo pomeriggio.

Și s-au răcorit și acolo în după-amiaza fierbinte.

E su questo grande dominio, Buck era colui che lo governava tutto.

Și peste acest mare domeniu, Buck era cel care îl stăpânea pe tot.

Buck nacque su questa terra e visse qui tutti i suoi quattro anni.

Buck s-a născut pe acest pământ și a locuit aici toți cei patru ani ai săi.

C'erano effettivamente altri cani, ma non avevano molta importanza.

Într-adevăr, existau și alți câini, dar nu contau cu adevărat.

In un posto vasto come questo ci si aspettava la presenza di altri cani.

Se așteptau și alți câini într-un loc atât de vast ca acesta.

Questi cani andavano e venivano oppure vivevano nei canili affollati.

Acești câini veneau și plecau sau locuiau în canise aglomerate.

Alcuni cani vivevano nascosti in casa, come Toots e Ysabel.

Unii câini locuiau ascunși în casă, cum făceau Toots și Ysabel.

Toots era un carlino giapponese, Ysabel una cagnolina messicana senza pelo.

Toots era un mops japonez, iar Ysabel o câine mexicană fără păr.

Queste strane creature raramente uscivano di casa.

Aceste creaturi ciudate ieșeau rareori din casă.

Non toccarono terra né annusarono l'aria esterna.

Nu au atins pământul și nici nu au adulmecat aerul liber de afară.

C'erano anche i fox terrier, almeno una ventina.

Mai erau și fox terrieri, cel puțin douăzeci la număr.

Questi terrier abbaiavano ferocemente a Toots e Ysabel in casa.

Aceşti terrieri lătrau aprig la Toots şi Ysabel înăuntru.

Toots e Ysabel rimasero dietro le finestre, al sicuro da ogni pericolo.

Toots şi Ysabel au rămas în spatele ferestrelor, la adăpost de orice pericol.

Erano sorvegliati da domestiche armate di scope e stracci.

Erau păziţi de menajere cu mături şi mopuri.

Ma Buck non era un cane da casa e nemmeno da canile.

Dar Buck nu era câine de casă şi nici câine de canisă.

L'intera proprietà apparteneva a Buck come suo legittimo regno.

Întreaga proprietate îi aparţinea lui Buck ca tărâm de drept.

Buck nuotava nella vasca o andava a caccia con i figli del giudice.

Buck înota în bazin sau mergea la vânătoare cu fiii judecătorului.

Camminava con Mollie e Alice nelle prime ore del mattino o tardi.

Se plimba cu Mollie şi Alice la primele ore sau la sfârşitul nopţii.

Nelle notti fredde si sdraiava davanti al fuoco della biblioteca insieme al giudice.

În nopţile reci, stătea întins în faţa focului din bibliotecă împreună cu judecătorul.

Buck accompagnava i nipoti del giudice sulla sua robusta schiena.

Buck i-a călărit pe nepoţii judecătorului pe spatele său puternic.

Si rotolava nell'erba insieme ai ragazzi, sorvegliandoli da vicino.

Se rostogolea prin iarbă cu băieţii, păzindu-i îndeaproape.

Si avventurarono fino alla fontana e addirittura oltre i campi di bacche.

S-au îndrăznit să meargă până la fântână şi chiar pe lângă câmpurile de fructe de pădure.

Tra i fox terrier, Buck camminava sempre con orgoglio regale.

Printre fox terrierii, Buck umbla întotdeauna cu o mândrie regală.

Ignorò Toots e Ysabel, trattandoli come se fossero aria.

I-a ignorat pe Toots și Ysabel, tratându-i ca și cum ar fi fost aer.

Buck governava tutte le creature viventi sulla terra del giudice Miller.

Buck domnea peste toate creaturile vii de pe pământul judecătorului Miller.

Dominava gli animali, gli insetti, gli uccelli e perfino gli esseri umani.

El a domnit peste animale, insecte, păsări și chiar peste oameni.

Il padre di Buck, Elmo, era un enorme e fedele San Bernardo.

Tatăl lui Buck, Elmo, fusese un Saint Bernard uriaș și loial.

Elmo non si allontanò mai dal Giudice e lo servì fedelmente.

Elmo nu s-a depărtat niciodată de judecător și i-a slujit cu credință.

Buck sembrava pronto a seguire il nobile esempio del padre.

Buck părea gata să urmeze exemplul nobil al tatălui său.

Buck non era altrettanto grande: pesava sessanta chili.

Buck nu era chiar atât de mare, cântărind o sută patruzeci de kilograme.

Sua madre, Shep, era una splendida cagnolina da pastore scozzese.

Mama lui, Shep, fusese un excelent câine ciobănesc scoțian.

Ma nonostante il suo peso, Buck camminava con una presenza regale.

Dar chiar și cu greutatea aceea, Buck pășea cu o prezență regală.

Ciò derivava dal buon cibo e dal rispetto che riceveva sempre.

Asta provenea din mâncarea bună și respectul de care primea întotdeauna.

Per quattro anni Buck aveva vissuto come un nobile viziato.

Timp de patru ani, Buck trăise ca un nobil răsfățat.

Era orgoglioso di sé stesso e perfino un po' egocentrico.

Era mândru de sine și chiar ușor egoist.

Quel tipo di orgoglio era comune tra i signori delle campagne remote.

Acest tip de mândrie era des întâlnit la lorzii din țările îndepărtate.

Ma Buck si salvò dal diventare un cane domestico viziato.

Dar Buck s-a salvat de la a deveni câinele răsfățat al gospodăriei.

Rimase snello e forte grazie alla caccia e all'esercizio fisico.

A rămas suplu și puternic prin vânătoare și exerciții fizice.

Amava profondamente l'acqua, come chi si bagna nei laghi freddi.

Iubea profund apa, asemenea oamenilor care se scaldă în lacuri reci.

Questo amore per l'acqua mantenne Buck forte e molto sano.

Această dragoste pentru apă l-a menținut pe Buck puternic și foarte sănătos.

Questo era il cane che Buck era diventato nell'autunno del 1897.

Acesta era câinele în care devenise Buck în toamna anului 1897.

Quando lo sciopero del Klondike spinse gli uomini verso il gelido Nord.

Când atacul din Klondike i-a atras pe oameni spre Nordul înghețat.

Da ogni parte del mondo la gente accorse in massa verso la fredda terra.

Oamenii s-au grăbit din toată lumea în țara rece.

Buck, tuttavia, non leggeva i giornali e non capiva le notizie.

Buck, însă, nu citea ziarele și nici nu înțelegea știrile.

Non sapeva che Manuel fosse una persona cattiva con cui stare.

Nu știa că Manuel era un om rău în preajma lui.

Manuel, che aiutava in giardino, aveva un grosso problema.

Manuel, care ajuta în grădină, avea o problemă gravă.

Manuel era dipendente dal gioco d'azzardo alla lotteria cinese.

Manuel era dependent de jocurile de noroc la loteria chineză.

Credeva fermamente anche in un sistema fisso per vincere.

De asemenea, el credea cu tărie într-un sistem fix de câștig.

Questa convinzione rese il suo fallimento certo e inevitabile.

Această credință a făcut ca eșecul său să fie sigur și inevitabil.

Per giocare con un sistema erano necessari soldi, soldi che a Manuel mancavano.

Jocul la sistem necesită bani, lucru de care Manuel nu avea.

Il suo stipendio bastava a malapena a sostenere la moglie e i numerosi figli.

Salariul său abia îi întreținea soția și numeroșii copii.

La notte in cui Manuel tradì Buck, tutto era normale.

În noaptea în care Manuel l-a trădat pe Buck, lucrurile erau normale.

Il giudice si trovava a una riunione dell'Associazione dei coltivatori di uva passa.

Judecătorul a fost la o întâlnire a Asociației Cultivatorilor de Stafide.

A quel tempo i figli del giudice erano impegnati a fondare un club sportivo.

Fiii judecătorului erau ocupați pe atunci cu înființarea unui club sportiv.

Nessuno vide Manuel e Buck uscire dal frutteto.

Nimeni nu i-a văzut pe Manuel și Buck plecând prin livadă.

Buck pensava che questa fosse solo una semplice passeggiata notturna.

Buck credea că plimbarea asta era doar o simplă plimbare nocturnă.

Incontrarono un solo uomo alla stazione della bandiera, a College Park.

Au întâlnit un singur bărbat la stația de steaguri, din College Park.

Quell'uomo parlò con Manuel e si scambiarono i soldi.

Bărbatul acela a vorbit cu Manuel și au făcut schimb de bani.

"Imballa la merce prima di consegnarla", suggerì.

„Împachetați marfa înainte să o livrați", a sugerat el.

La voce dell'uomo era roca e impaziente mentre parlava.

Vocea bărbatului era răgușită și nerăbdătoare în timp ce vorbea.

Manuel legò con cura una corda spessa attorno al collo di Buck.

Manuel a legat cu grijă o frânghie groasă în jurul gâtului lui Buck.

"Se giri la corda, lo strangolerai di brutto"

„Răsucește frânghia și îl vei sufoca de tot"

Lo straniero emise un grugnito, dimostrando di aver capito bene.

Străinul a mormăit, arătând că a înțeles bine.

Quel giorno Buck accettò la corda con calma e silenziosa dignità.

În ziua aceea, Buck a acceptat frânghia cu calm și demnitate liniștită.

Era un atto insolito, ma Buck si fidava degli uomini che conosceva.

A fost un act neobișnuit, dar Buck avea încredere în oamenii pe care îi cunoștea.

Credeva che la loro saggezza andasse ben oltre il suo pensiero.

El credea că înțelepciunea lor depășea cu mult propria sa gândire.

Ma poi la corda venne consegnata nelle mani dello straniero.

Dar apoi frânghia a fost înmânată în mâinile străinului.

Buck emise un ringhio basso che suonava come un avvertimento e una minaccia silenziosa.

Buck a mârâit înăbușit, avertizând cu o amenințare liniștită.

Era orgoglioso e autoritario e intendeva mostrare il suo disappunto.

Era mândru și autoritar și voia să-și arate nemulțumirea.

Buck credeva che il suo avvertimento sarebbe stato interpretato come un ordine.

Buck credea că avertismentul său va fi înțeles ca un ordin.

Con suo grande stupore, la corda si strinse rapidamente attorno al suo grosso collo.

Spre șocul lui, frânghia s-a strâns repede în jurul gâtului său gros.

Gli mancò l'aria e cominciò a lottare in preda a una rabbia improvvisa.

I s-a tăiat suflul și a început să se lupte, cuprins de o furie bruscă.

Si lanciò verso l'uomo, che si lanciò rapidamente contro Buck a mezz'aria.

A sărit asupra bărbatului, care l-a întâlnit repede pe Buck în aer.

L'uomo afferrò Buck per la gola e lo fece ruotare abilmente in aria.

Bărbatul l-a apucat pe Buck de gât și l-a răsucit cu abilitate în aer.

Buck venne scaraventato a terra con violenza, atterrando sulla schiena.

Buck a fost aruncat puternic, aterizând pe spate.

La corda ora lo strangolava crudelmente mentre lui scalciava selvaggiamente.

Frânghia îl sufoca acum crud, în timp ce el lovea sălbatic.

La sua lingua cadde fuori, il suo petto si sollevò, ma non riprese fiato.

Limba i-a căzut, pieptul i s-a ridicat, dar nu a mai tras aer în piept.

Non era mai stato trattato con tanta violenza in vita sua.

Nu fusese tratat niciodată cu atâta violență în viața lui.

Non era mai stato così profondamente invaso da una rabbia così profonda.

Niciodată nu mai fusese cuprins de o furie atât de profundă.

Ma il potere di Buck svanì e i suoi occhi diventarono vitrei.

Dar puterea lui Buck s-a stins, iar ochii i s-au încețoșat.

Svenne proprio mentre un treno veniva fermato lì vicino.

A leșinat exact când un tren era oprit în apropiere.

Poi i due uomini lo caricarono velocemente nel vagone bagagli.

Apoi, cei doi bărbați l-au aruncat repede în vagonul de bagaje.

La cosa successiva che Buck sentì fu dolore alla lingua gonfia.

Următorul lucru pe care l-a simțit Buck a fost o durere în limba umflată.

Si muoveva su un carro traballante, solo vagamente cosciente.

Se mișca într-o căruță tremurândă, doar vag conștient.

Il fischio acuto di un treno rivelò a Buck la sua posizione.

Scârțâitul ascuțit al fluierului unui tren i-a spus lui Buck unde se afla.

Aveva spesso cavalcato con il Giudice e conosceva quella sensazione.

Călărise adesea cu Judecătorul și cunoștea sentimentul.

Fu un'esperienza unica viaggiare di nuovo in un vagone bagagli.

A fost șocul unic al călătoriei din nou într-un vagon de bagaje.

Buck aprì gli occhi e il suo sguardo ardeva di rabbia.

Buck deschise ochii, iar privirea îi ardea de furie.

Questa era l'ira di un re orgoglioso detronizzato.

Aceasta a fost mânia unui rege mândru, luat de pe tron.

Un uomo allungò la mano per afferrarlo, ma Buck colpì per primo.

Un bărbat a întins mâna să-l apuce, dar Buck a lovit primul.

Affondò i denti nella mano dell'uomo e la strinse forte.

Și-a înfipt dinții în mâna bărbatului și a strâns-o strâns.

Non mi lasciò andare finché non svenne per la seconda volta.

Nu l-a lăsat până nu a leșinat a doua oară.

"Sì, ha degli attacchi", borbottò l'uomo al facchino.

„Da, are crize de nervi", a mormăit bărbatul către bagajist.

Il facchino aveva sentito la colluttazione e si era avvicinato.

Bagajerul auzise lupta și se apropiase.

"Lo porto a Frisco per conto del capo", spiegò l'uomo.

„Îl duc la Frisco pentru șef", a explicat bărbatul.

"C'è un bravo dottore per cani che dice di poterli curare."

„Există acolo un cinolog bun care spune că le poate vindeca."

Più tardi quella notte l'uomo raccontò la sua versione completa.

Mai târziu în acea seară, bărbatul şi-a dat propria relatare completă.

Parlava da un capannone dietro un saloon sul molo.

A vorbit dintr-un şopron din spatele unui saloon de pe docuri.

"Mi hanno dato solo cinquanta dollari", si lamentò con il gestore del saloon.

„Tot ce mi s-au dat au fost cincizeci de dolari", s-a plâns el cârciumii.

"Non lo rifarei, nemmeno per mille dollari in contanti."

„N-aş mai face-o, nici măcar pentru o mie de dolari cash."

La sua mano destra era strettamente avvolta in un panno insanguinato.

Mâna dreaptă îi era înfăşurată strâns într-o pânză însângerată.

La gamba dei suoi pantaloni era completamente strappata dal ginocchio al piede.

Cracul pantalonilor îi era rupt larg de la genunchi până la picioare.

"Quanto è stato pagato l'altro tizio?" chiese il gestore del saloon.

„Cât a fost plătită cealaltă cană?", a întrebat vânzătorul de la cârciumă.

«Cento», rispose l'uomo, «non ne accetterebbe uno in meno».

„O sută", a răspuns bărbatul, „n-ar lua niciun cent mai puţin."

"Questo fa centocinquanta", disse il gestore del saloon.

„Asta face o sută cincizeci", spuse vânzătorul de la cârciumă.

"E lui li merita tutti, altrimenti non sono meglio di uno stupido."

„Şi merită totul, altfel nu sunt mai bun decât un nesimţit."

L'uomo aprì gli involucri per esaminarsi la mano.

Bărbatul a deschis ambalajele ca să-şi examineze mâna.

La mano era gravemente graffiata e ricoperta di croste di sangue secco.

Mâna era ruptă rău şi plină de sânge uscat.

"Se non mi viene l'idrofobia..." cominciò a dire.

„Dacă nu fac hidrofobie..." a început el să spună.

"Sarà perché sei nato per impiccarti", giunse una risata.

„O fi pentru că te-ai născut ca să spânzuri", s-a auzit un râs.

"Aiutami prima di partire", gli chiesero.

„Vino să mă ajuți înainte să pleci", i s-a cerut.

Buck era stordito dal dolore alla lingua e alla gola.

Buck era amețit de durerea din limbă și gât.

Era mezzo strangolato e riusciva a malapena a stare in piedi.

Era pe jumătate strangulat și abia se mai putea ține în picioare.

Ciononostante, Buck cercò di affrontare gli uomini che lo avevano ferito così duramente.

Totuși, Buck încerca să-i înfrunte pe bărbații care îl răniseră atât de mult.

Ma lo gettarono a terra e lo strangolarono ancora una volta.

Dar l-au trântit la pământ și l-au strangulat încă o dată.

Solo allora riuscirono a segargli il pesante collare di ottone.

Abia atunci i-au putut tăia gulerul greu de alamă.

Tolsero la corda e lo spinsero in una cassa.

Au scos frânghia și l-au împins într-o ladă.

La cassa era piccola e aveva la forma di una gabbia di ferro grezza.

Lada era mică și avea forma unei cuști brute de fier.

Buck rimase lì per tutta la notte, pieno di rabbia e di orgoglio ferito.

Buck a zăcut acolo toată noaptea, cuprins de mânie și mândrie rănită.

Non riusciva nemmeno a capire cosa gli stesse succedendo.

Nu putea începe să înțeleagă ce i se întâmplă.

Perché quegli strani uomini lo tenevano in quella piccola cassa?

De ce îl țineau acești bărbați ciudați în această ladă mică?

Cosa volevano da lui e perché questa crudele prigionia?

Ce voiau de la el și de ce această captivitate crudă?

Sentì una pressione oscura e la sensazione che il disastro si avvicinasse.

Simțea o apăsare întunecată; un sentiment că dezastrul se apropia.

Era una paura vaga, ma si impadronì pesantemente del suo spirito.

Era o frică vagă, dar i-a apăsat puternic sufletul.

Diverse volte sobbalzò quando la porta del capanno sbatteva.

De câteva ori a sărit în sus când ușa șopronului a zăngănit.

Si aspettava che il giudice o i ragazzi apparissero e lo salvassero.

Se aștepta ca judecătorul sau băieții să apară și să-l salveze.

Ma ogni volta solo la faccia grassa del gestore del saloon faceva capolino all'interno.

Dar doar fața grasă a cârciumarului se ivea înăuntru de fiecare dată.

Il volto dell'uomo era illuminato dalla debole luce di una candela di sego.

Fața bărbatului era luminată de strălucirea slabă a unei lumânări de seu.

Ogni volta, il latrato gioioso di Buck si trasformava in un ringhio basso e arrabbiato.

De fiecare dată, lătratul vesel al lui Buck se schimba într-un mârâit înăbușit și furios.

Il gestore del saloon lo ha lasciato solo per la notte nella cassa

Cârciumarul l-a lăsat singur peste noapte în ladă

Ma quando si svegliò la mattina seguente, altri uomini stavano arrivando.

Dar când s-a trezit dimineața, veneau mai mulți bărbați.

Arrivarono quattro uomini e, con cautela, sollevarono la cassa senza dire una parola.

Patru bărbați au venit și au ridicat cu grijă lada fără un cuvânt.

Buck capì subito in quale situazione si trovava.

Buck și-a dat seama imediat în ce situație se afla.

Erano ulteriori tormentatori che doveva combattere e temere.

Ei erau în plus niște chinuitori cu care trebuia să lupte și de care trebuia să se teamă.

Questi uomini apparivano malvagi, trasandati e molto mal curati.

Acești bărbați arătau răi, zdrențăroși și foarte prost îngrijiți.

Buck ringhiò e si lanciò contro di loro con furia attraverso le sbarre.

Buck a mârâit și s-a năpustit asupra lor cu ferocitate printre gratii.

Si limitarono a ridere e a colpirlo con lunghi bastoni di legno.

Au râs doar și l-au înțepat cu bețe lungi de lemn.

Buck morse i bastoncini, poi capì che era quello che gli piaceva.

Buck a mușcat bețele, apoi și-a dat seama că asta le plăcea.

Così si sdraiò in silenzio, imbronciato e acceso da una rabbia silenziosa.

Așa că s-a întins liniștit, posomorât și arzând de o furie tăcută.

Caricarono la cassa su un carro e se ne andarono con lui.

Au ridicat lada într-o căruță și au plecat cu el.

La cassa, con Buck chiuso dentro, cambiò spesso proprietario.

Lada, cu Buck încuiat înăuntru, își schimba des proprietarii.

Gli impiegati dell'ufficio espresso presero in mano la situazione e si occuparono di lui per un breve periodo.

Funcționarii de la biroul expres au preluat controlul și s-au ocupat de el pentru scurt timp.

Poi un altro carro trasportò Buck attraverso la rumorosa città.

Apoi, o altă căruță l-a dus pe Buck prin orașul gălăgios.

Un camion lo portò con sé scatole e pacchi su un traghetto.

Un camion l-a dus cu cutii și colete pe un feribot.

Dopo l'attraversamento, il camion lo scaricò presso un deposito ferroviario.

După ce a traversat, camionul l-a descărcat la o gară.

Alla fine Buck venne fatto salire a bordo di un vagone espresso in attesa.

În cele din urmă, Buck a fost plasat într-un vagon expres care îl aștepta.

Per due giorni e due notti i treni trascinarono via il vagone espresso.

Timp de două zile și două nopți, trenurile au retras vagonul expres.

Buck non mangiò né bevve durante tutto il doloroso viaggio.

Buck nici nu a mâncat, nici nu a băut pe tot parcursul călătoriei dureroase.

Quando i messaggeri cercarono di avvicinarlo, lui ringhiò.

Când mesagerii expres au încercat să se apropie de el, a mârâit.

Risposero prendendolo in giro e prendendolo in giro crudelmente.

Ei au răspuns batjocorindu-l și tachinându-l cu cruzime.

Buck si gettò contro le sbarre, schiumando e tremando

Buck s-a aruncat la gratii, spumând și tremurând

risero sonoramente e lo presero in giro come i bulli della scuola.

au râs în hohote și l-au batjocorit ca niște bătăuși din curtea școlii.

Abbaiavano come cani finti e agitavano le braccia.

Lătrau ca niște câini falși și dădeau din brațe.

Arrivarono persino a cantare come galli, solo per farlo arrabbiare ancora di più.

Au chiar cântat ca cocoșii doar ca să-l supere și mai mult.

Era un comportamento sciocco e Buck sapeva che era ridicolo.

Era un comportament prostesc, iar Buck știa că era ridicol.

Ma questo non fece altro che accrescere il suo senso di indignazione e vergogna.

Dar asta nu a făcut decât să-i adâncească sentimentul de indignare și rușine.

Durante il viaggio la fame non lo disturbò molto.

Nu l-a deranjat prea mult foamea în timpul călătoriei.

Ma la sete portava con sé dolori acuti e sofferenze insopportabili.

Dar setea aducea dureri ascuțite și suferințe insuportabile.

La sua gola secca e infiammata e la lingua bruciavano per il calore.

Gâtul și limba lui uscate și inflamate ardeau de căldură.

Questo dolore alimentava la febbre che cresceva nel suo corpo orgoglioso.

Această durere hrănea febra care îi creștea în trupul mândru.

Durante questa prova Buck fu grato per una sola cosa.

Buck a fost recunoscător pentru un singur lucru în timpul acestui proces.

Gli avevano tolto la corda dal grosso collo.

Frânghia fusese scoasă de la gâtul său gros.

La corda aveva dato a quegli uomini un vantaggio ingiusto e crudele.

Frânghia le dăduse acelor oameni un avantaj nedrept și crud.

Ora la corda non c'era più e Buck giurò che non sarebbe mai più tornata.

Acum frânghia dispăruse, iar Buck jura că nu se va mai întoarce niciodată.

Decise che nessuna corda gli sarebbe mai più passata intorno al collo.

A hotărât că nicio frânghie nu i se va mai pune vreodată în jurul gâtului.

Per due lunghi giorni e due lunghe notti soffrì senza cibo.

Timp de două zile și nopți lungi, a suferit fără mâncare.

E in quelle ore, accumulò dentro di sé una rabbia enorme.

Și în acele ore, a acumulat o furie enormă în sinea lui.

I suoi occhi diventarono iniettati di sangue e selvaggi per la rabbia costante.

Ochii i s-au înroșit și s-au sălbăticit de la furia constantă.

Non era più Buck, ma un demone con le fauci che schioccavano.

Nu mai era Buck, ci un demon cu fălci ascuțite.

Nemmeno il Giudice avrebbe potuto riconoscere questa folle creatura.

Nici măcar judecătorul n-ar fi recunoscut această creatură nebună.

I messaggeri espressi tirarono un sospiro di sollievo quando giunsero a Seattle

Curierii expres au oftat uşuraţi când au ajuns la Seattle

Quattro uomini sollevarono la cassa e la portarono in un cortile sul retro.

Patru bărbaţi au ridicat lada şi au dus-o într-o curte din spate.

Il cortile era piccolo, circondato da mura alte e solide.

Curtea era mică, înconjurată de ziduri înalte şi solide.

Un uomo corpulento uscì dalla stanza con una scollatura larga e una camicia rossa.

Un bărbat masiv a ieşit într-un pulover roşu, uzat.

Firmò il registro delle consegne con una calligrafia spessa e decisa.

A semnat registrul de livrare cu o mână groasă şi îndrăzneaţă.

Buck intuì subito che quell'uomo era il suo prossimo aguzzino.

Buck a simţit imediat că acest om era următorul său chinuitor.

Si lanciò violentemente contro le sbarre, con gli occhi rossi di rabbia.

S-a năpustit violent asupra gratiilor, cu ochii roşii de furie.

L'uomo si limitò a sorridere amaramente e andò a prendere un'ascia.

Bărbatul doar a zâmbit sumbru şi s-a dus să aducă un secure.

Teneva anche una mazza nella sua grossa e forte mano destra.

De asemenea, a adus o crosă în mâna sa dreaptă groasă şi puternică.

"Lo porterai fuori adesso?" chiese l'autista preoccupato.

„Aveţi de gând să-l scoateţi acum?", a întrebat şoferul, îngrijorat.

"Certo", disse l'uomo, infilando l'ascia nella cassa come se fosse una leva.

— Sigur, spuse bărbatul, înfigând securea în ladă ca pe o pârghie.

I quattro uomini si dileguarono all'istante, saltando sul muro del cortile.

Cei patru bărbați s-au împrăștiat instantaneu, sărind pe zidul curții.

Dai loro punti sicuri in alto, aspettavano di ammirare lo spettacolo.

Din locurile lor sigure de sus, așteptau să privească spectacolul.

Buck si lanciò contro il legno scheggiato, mordendolo e scuotendolo violentemente.

Buck s-a năpustit asupra lemnului crăpat, mușcând și tremurând puternic.

Ogni volta che l'ascia colpiva la gabbia, Buck era lì pronto ad attaccarla.

De fiecare dată când securea lovea cușca, Buck era acolo să o atace.

Ringhiò e schioccò le dita in preda a una rabbia selvaggia, desideroso di essere liberato.

A mârâit și a izbucnit cu o furie sălbatică, nerăbdător să fie eliberat.

L'uomo all'esterno era calmo e fermo, concentrato sul suo compito.

Bărbatul de afară era calm și echilibrat, concentrat asupra sarcinii sale.

"Bene allora, diavolo dagli occhi rossi", disse quando il buco fu grande.

„Chiar atunci, diavol cu ochi roșii ce ești", a spus el când gaura s-a făcut mare.

Lasciò cadere l'ascia e prese la mazza nella mano destra.

A aruncat securea și a luat bâta în mâna dreaptă.

Buck sembrava davvero un diavolo: aveva gli occhi iniettati di sangue e fiammeggianti.

Buck arăta cu adevărat ca un diavol; ochii lui erau injectați și arzători.

Il suo pelo si rizzò, la schiuma gli salì alla bocca e gli occhi brillarono.

Blana i se zbârli, spuma îi curgea la gură, iar ochii îi sclipeau.

Lui tese i muscoli e si lanciò dritto verso il maglione rosso.

Și-a încordat mușchii și a sărit direct asupra puloverului roșu.

Centoquaranta libbre di furia si riversarono sull'uomo calmo.

O sută patruzeci de kilograme de furie zburară asupra bărbatului calm.

Un attimo prima che le sue fauci si chiudessero, un colpo terribile lo colpì.

Chiar înainte ca fălcile să i se încleşteze, l-a lovit o lovitură teribilă.

I suoi denti si schioccarono insieme solo sull'aria

Dinţii lui au pocnit împreună în aer

una scossa di dolore gli risuonò nel corpo

o zdruncinătură de durere i-a răsunat prin corp

Si capovolse a mezz'aria e cadde sulla schiena e su un fianco.

S-a răsturnat în aer şi s-a prăbuşit pe spate şi pe o parte.

Non aveva mai sentito prima un colpo di mazza e non riusciva a sostenerlo.

Nu simţise niciodată lovitura unei măciuci şi nu o putea suporta.

Con un ringhio acuto, in parte abbaio, in parte urlo, saltò di nuovo.

Cu un mârâit ascuţit, pe jumătate lătrat, pe jumătate ţipăt, a sărit din nou.

Un altro colpo violento lo colpì e lo scaraventò a terra.

O altă lovitură brutală l-a lovit şi l-a trântit la pământ.

Questa volta Buck capì: era la pesante clava dell'uomo.

De data aceasta Buck a înţeles — era bâta grea a bărbatului.

Ma la rabbia lo accecò e non pensò minimamente di ritirarsi.

Dar furia l-a orbit şi nu s-a gândit să se retragă.

Dodici volte si lanciò e dodici volte cadde.

De douăsprezece ori s-a aruncat şi de douăsprezece ori a căzut.

La mazza di legno lo colpiva ogni volta con una forza spietata e schiacciante.

Bâta de lemn îl zdrobea de fiecare dată cu o forţă nemiloasă, zdrobitoare.

Dopo un colpo violento, si rialzò barcollando, stordito e lento.

După o lovitură puternică, s-a ridicat în picioare clătinându-se, amețit și încet.

Il sangue gli colava dalla bocca, dal naso e perfino dalle orecchie.

Sângele îi curgea din gură, din nas și chiar din urechi.

Il suo mantello, un tempo bellissimo, era imbrattato di schiuma insanguinata.

Haina lui odinioară frumoasă era mânjită cu spumă însângerată.

Poi l'uomo si fece avanti e gli sferrò un violento colpo al naso.

Apoi, bărbatul s-a ridicat și a lovit cu răutate nasul.

L'agonia fu più acuta di qualsiasi cosa Buck avesse mai provato.

Agonia era mai ascuțită decât orice simțise Buck vreodată.

Con un ruggito più da bestia che da cane, balzò di nuovo all'attacco.

Cu un răget mai degrabă bestial decât de câine, sări din nou să atace.

Ma l'uomo gli afferrò la mascella inferiore e la torse all'indietro.

Dar bărbatul și-a prins maxilarul de jos și l-a răsucit înapoi.

Buck si girò a testa in giù e cadde di nuovo violentemente al suolo.

Buck s-a răsturnat cu capul peste călcâie, prăbușindu-se din nou cu putere.

Un'ultima volta, Buck si lanciò verso di lui, ormai a malapena in grado di reggersi in piedi.

Pentru ultima oară, Buck s-a năpustit asupra lui, acum abia mai putând să se ridice în picioare.

L'uomo colpì con sapiente tempismo, sferrando il colpo finale.

Bărbatul a lovit cu o sincronizare expertă, dând lovitura finală.

Buck crollò a terra, privo di sensi e immobile.

Buck s-a prăbușit grămadă, inconștient și nemișcat.

"Non è uno stupido ad addestrare i cani, ecco cosa dico io", urlò un uomo.

„Nu e prea priceput la dresat câini, asta zic și eu", a strigat un bărbat.

"Druther può spezzare la volontà di un segugio in qualsiasi giorno della settimana."

„Druther poate frânge voința unui câine în orice zi a săptămânii."

"E due volte di domenica!" aggiunse l'autista.

„Și de două ori duminica!", a adăugat șoferul.

Salì sul carro e tirò le redini per partire.

S-a urcat în căruță și a pocnit din hățuri ca să plece.

Buck riprese lentamente il controllo della sua coscienza

Buck și-a recăpătat încet controlul asupra conștiinței.

ma il suo corpo era ancora troppo debole e rotto per muoversi.

dar corpul său era încă prea slăbit și frânt pentru a se mișca.

Rimase lì dove era caduto, osservando l'uomo con il maglione rosso.

Zăcea unde căzuse, privindu-l pe bărbatul cu pulover roșu.

"Risponde al nome di Buck", disse l'uomo, leggendo ad alta voce.

„Răspunde la numele de Buck", spuse bărbatul, citind cu voce tare.

Citò la nota inviata con la cassa di Buck e i dettagli.

A citat din biletul trimis odată cu lada și detaliile lui Buck.

"Bene, Buck, ragazzo mio", continuò l'uomo con tono amichevole,

„Ei bine, Buck, băiatul meu", a continuat bărbatul pe un ton prietenos,

"Abbiamo avuto il nostro piccolo litigio, e ora tra noi è finita."

„Ne-am certat puțin, iar acum s-a terminat între noi."

"Tu hai imparato qual è il tuo posto, e io ho imparato qual è il mio", ha aggiunto.

„Tu ți-ai învățat locul, iar eu mi-l am învățat pe al meu", a adăugat el.

"Sii buono e tutto andrà bene e la vita sarà piacevole."

„Fii cuminte și totul va merge bine, iar viața va fi plăcută."

"Ma se sei cattivo, ti spaccherò a morte, capito?"

„Dar dacă te porţi rău, te voi bate până la fund, ai înţeles?"

Mentre parlava, allungò la mano e accarezzò la testa dolorante di Buck.

În timp ce vorbea, întinse mâna și mângâie ușor capul dureros al lui Buck.

I capelli di Buck si rizzarono al tocco dell'uomo, ma lui non oppose resistenza.

Părul lui Buck s-a ridicat la atingerea bărbatului, dar acesta nu a opus rezistenţă.

L'uomo gli portò dell'acqua e Buck la bevve a grandi sorsi.

Bărbatul i-a adus apă, pe care Buck a băut-o cu înghiţituri mari.

Poi arrivò la carne cruda, che Buck divorò pezzo per pezzo.

Apoi a urmat carnea crudă, pe care Buck a devorat-o bucată cu bucată.

Sapeva di essere stato sconfitto, ma sapeva anche di non essere distrutto.

Ştia că era bătut, dar ştia şi că nu era frânt.

Non aveva alcuna possibilità contro un uomo armato di manganello.

Nu avea nicio şansă împotriva unui om înarmat cu o bâtă.

Aveva imparato la verità e non dimenticò mai quella lezione.

El învăţase adevărul şi nu uitase niciodată lecţia aceea.

Quell'arma segnò l'inizio della legge nel nuovo mondo di Buck.

Acea armă a fost începutul legii în noua lume a lui Buck.

Fu l'inizio di un ordine duro e primitivo che non poteva negare.

Era începutul unei ordini aspre, primitive, pe care nu o putea nega.

Accettò la verità: i suoi istinti selvaggi erano ormai risvegliati.

A acceptat adevărul; instinctele sale sălbatice erau acum treze.

Il mondo era diventato più duro, ma Buck lo affrontò coraggiosamente.

Lumea devenise mai aspră, dar Buck a înfruntat-o cu curaj.

Affrontò la vita con una nuova cautela, astuzia e una forza silenziosa.

A întâmpinat viața cu o nouă prudență, viclenie și o putere liniștită.

Arrivarono altri cani, legati con corde o gabbie, come era successo a Buck.

Au sosit mai mulți câini, legați în frânghii sau cuști, așa cum fuseseră și Buck.

Alcuni cani procedevano con calma, altri si infuriavano e combattevano come bestie feroci.

Unii câini au venit calm, alții au înfuriat și s-au luptat ca niște fiare sălbatice.

Tutti loro furono sottoposti al dominio dell'uomo con il maglione rosso.

Toți au fost aduși sub stăpânirea bărbatului cu pulover roșu.

Ogni volta Buck osservava e vedeva svolgersi la stessa lezione.

De fiecare dată, Buck privea și vedea aceeași lecție desfășurându-se.

L'uomo con la clava era la legge: un padrone a cui obbedire.

Omul cu bâta era legea; un stăpân de care trebuia ascultat.

Non era necessario che gli piacesse, ma che gli si obbedisse.

Nu avea nevoie să fie plăcut, dar trebuia ascultat.

Buck non si è mai mostrato adulatore o scodinzolante come facevano i cani più deboli.

Buck nu a lingușit niciodată și nu a dârât din cap așa cum făceau câinii mai slabi.

Vide dei cani che erano stati picchiati e che continuavano a leccare la mano dell'uomo.

A văzut câini care erau bătuți și totuși îi lingeau mâna bărbatului.

Vide un cane che non obbediva né si sottometteva affatto.

A văzut un câine care nu voia să asculte și să se supună deloc.

Quel cane ha combattuto fino alla morte nella battaglia per il controllo.

Câinele acela a luptat până a fost ucis în lupta pentru control.

A volte degli sconosciuti venivano a trovare l'uomo con il maglione rosso.

Uneori, nişte străini veneau să-l vadă pe bărbatul cu pulover roşu.

Parlavano con toni strani, supplicando, contrattando e ridendo.

Vorbeau pe un ton ciudat, implorând, târguind şi râzând.

Dopo aver scambiato i soldi, se ne andavano con uno o più cani.

Când se schimbau banii, plecau cu unul sau mai mulţi câini.

Buck si chiese dove andassero questi cani, perché nessuno faceva mai ritorno.

Buck se întreba unde se duc aceşti câini, căci niciunul nu se mai întorcea vreodată.

la paura dell'ignoto riempiva Buck ogni volta che un uomo sconosciuto si avvicinava

Frica de necunoscut îl cuprindea pe Buck de fiecare dată când venea un bărbat străin

era contento ogni volta che veniva preso un altro cane, al posto suo.

se bucura de fiecare dată când era luat un alt câine, în loc de el însuşi.

Ma alla fine arrivò il turno di Buck con l'arrivo di uno strano uomo.

Dar, în cele din urmă, a venit rândul lui Buck odată cu sosirea unui bărbat ciudat.

Era piccolo, nervoso e parlava un inglese stentato e imprecava.

Era mic, slăbănog şi vorbea o engleză stricată şi înjura.

"Sacredam!" urlò quando vide il corpo di Buck.

„Sacredam!" a strigat el când a pus ochii pe silueta lui Buck.

"Che cane maledetto e prepotente! Eh? Quanto costa?" chiese ad alta voce.

„Ăsta e un câine bătăuş! Ăă? Cât costă?", a întrebat el cu voce tare.

"Trecento, ed è un regalo a quel prezzo",

„Trei sute, şi e un cadou la preţul ăsta."

"Dato che sono soldi del governo, non dovresti lamentarti, Perrault."

„Din moment ce sunt bani de la guvern, n-ar trebui să te plângi, Perrault."

Perrault sorrise pensando all'accordo che aveva appena concluso con quell'uomo.

Perrault rânji la înțelegerea pe care tocmai o făcuse cu bărbatul.

Il prezzo dei cani è salito alle stelle a causa della domanda improvvisa.

Prețul câinilor a crescut vertiginos din cauza cererii bruște.

Trecento dollari non erano ingiusti per una bestia così bella.

Trei sute de dolari nu erau nedrepti pentru o fiară atât de frumoasă.

Il governo canadese non perderebbe nulla dall'accordo

Guvernul canadian nu ar pierde nimic în această înțelegere

Né i loro comunicati ufficiali avrebbero subito ritardi nel trasporto.

Nici corespondența lor oficială nu ar fi întârziată în tranzit.

Perrault conosceva bene i cani e capì che Buck era una rarità.

Perrault cunoștea bine câinii și își dădea seama că Buck era ceva rar.

"Uno su dieci diecimila", pensò, mentre studiava la corporatura di Buck.

„Unul la zece zece mii", se gândi el, în timp ce studia constituția lui Buck.

Buck vide il denaro cambiare di mano, ma non mostrò alcuna sorpresa.

Buck a văzut banii schimbându-și mâinile, dar nu a arătat nicio surpriză.

Poco dopo lui e Curly, un gentile Terranova, furono portati via.

Curând, el și Creț, un blând Newfoundland, au fost duși departe.

Seguirono l'omino dal cortile della casa con il maglione rosso.

L-au urmat pe omulețul din curtea puloverului roșu.

Quella fu l'ultima volta che Buck vide l'uomo con la mazza di legno.

Aceea a fost ultima dată când Buck l-a văzut vreodată pe omul cu bâta de lemn.

Dal ponte del Narwhal guardò Seattle svanire in lontananza.

De pe puntea navei Narwhal, a privit cum Seattle se stingea în depărtare.

Fu anche l'ultima volta che vide le calde terre del Sud.

A fost, de asemenea, ultima dată când a văzut caldul Southland.

Perrault li portò sottocoperta e li lasciò con François.

Perrault i-a dus sub punte și i-a lăsat cu François.

François era un gigante con la faccia nera e le mani ruvide e callose.

François era un uriaș cu fața neagră și mâini aspre și bătătorite.

Era un uomo dalla carnagione scura e dalla carnagione scura, un meticcio franco-canadese.

Era brunet și neînchis la culoare; un metis franco-canadian.

Per Buck, quegli uomini erano come non li aveva mai visti prima.

Pentru Buck, acești oameni erau de un fel pe care nu-i mai văzuse niciodată.

Nei giorni a venire avrebbe avuto modo di conoscere molti di questi uomini.

Avea să cunoască mulți astfel de bărbați în zilele următoare.

Non cominciò ad affezionarsi a loro, ma finì per rispettarli.

Nu a ajuns să-i îndrăgească, dar a ajuns să-i respecte.

Erano giusti e saggi e non si lasciavano ingannare facilmente da nessun cane.

Erau drepți și înțelepți și nu se lăsau ușor păcăliți de niciun câine.

Giudicavano i cani con calma e punivano solo quando meritavano.

Judecau câinii cu calm și îi pedepseau doar atunci când meritau.

Sul ponte inferiore del Narwhal, Buck e Curly incontrarono due cani.

Pe puntea inferioară a navei Narwhal, Buck și Creț au întâlnit doi câini.

Uno era un grosso cane bianco proveniente dalle lontane e gelide isole Spitzbergen.

Unul era un câine mare și alb din îndepărtatul și înghețatul Spitzbergen.

In passato aveva navigato su una baleniera e si era unito a un gruppo di ricerca.

Odată navigase cu un vânător de balene și se alăturase unui grup de studiu.

Era amichevole, ma astuto, subdolo e subdolo.

Era prietenos într-un mod viclean, necinstit și viclean.

Al loro primo pasto, rubò un pezzo di carne dalla padella di Buck.

La prima lor masă, a furat o bucată de carne din tigaia lui Buck.

Buck saltò per punirlo, ma la frusta di François colpì per prima.

Buck a sărit să-l pedepsească, dar biciul lui François a lovit primul.

Il ladro bianco urlò e Buck reclamò l'osso rubato.

Hoțul alb a țipat, iar Buck a recuperat osul furat.

Questa correttezza colpì Buck e François si guadagnò il suo rispetto.

Această corectitudine l-a impresionat pe Buck, iar François i-a câștigat respectul.

L'altro cane non lo salutò e non volle nessuno in cambio.

Celălalt câine nu l-a salutat și nu a vrut niciun răspuns.

Non rubava il cibo, né annusava con interesse i nuovi arrivati.

Nu a furat mâncare și nici nu i-a adulmecat cu interes pe nou-veniți.

Questo cane era cupo e silenzioso, cupo e lento nei movimenti.

Acest câine era posomorât şi tăcut, posomorât şi se mişca încet.

Avvertì Curly di stargli lontano semplicemente lanciandole un'occhiata fulminante.

El a avertizat-o pe Creţ să stea departe, pur şi simplu uitându-se urât la ea.

Il suo messaggio era chiaro: lasciatemi in pace o saranno guai.

Mesajul lui a fost clar: lăsaţi-mă în pace sau vor fi probleme.

Si chiamava Dave e non faceva quasi caso a ciò che lo circondava.

Îl chema Dave şi abia dacă observa împrejurimile.

Dormiva spesso, mangiava tranquillamente e sbadigliava di tanto in tanto.

Dormea des, mânca liniştit şi căsca din când în când.

La nave ronzava costantemente con il rumore dell'elica sottostante.

Nava zumzăia constant, cu elicea bătând dedesubt.

I giorni passarono senza grandi cambiamenti, ma il clima si fece più freddo.

Zilele au trecut fără prea multe schimbări, dar vremea s-a răcit.

Buck se lo sentiva nelle ossa e notò che anche gli altri lo sentivano.

Buck simţea asta în oase şi observă că şi ceilalţi o simţeau.

Poi una mattina l'elica si fermò e tutto rimase immobile.

Apoi, într-o dimineaţă, elicea s-a oprit şi totul a fost nemişcat.

Un'energia percorse la nave: qualcosa era cambiato.

O energie a străbătut nava; ceva se schimbase.

François scese, li mise al guinzaglio e li portò su.

François a coborât, i-a legat în lesă şi i-a adus sus.

Buck uscì e trovò il terreno morbido, bianco e freddo.

Buck a ieşit şi a găsit pământul moale, alb şi rece.

Lui fece un balzo indietro allarmato e sbuffò in preda alla confusione più totale.

A sărit înapoi alarmat şi a pufnit complet confuz.

Una strana sostanza bianca cadeva dal cielo grigio.

O substanţă albă şi ciudată cădea din cerul cenuşiu.

Si scosse, ma i fiocchi bianchi continuavano a cadergli addosso.

S-a scuturat, dar fulgii albi continuau să cadă pe el.

Annusò attentamente la sostanza bianca e ne leccò alcuni pezzetti ghiacciati.

A adulmecat cu grijă substanţa albă şi a lins câteva bucăţele de gheaţă.

La polvere bruciò come il fuoco e poi svanì subito dalla sua lingua.

Pulberea a ars ca focul, apoi a dispărut direct de pe limba lui.

Buck ci riprovò, sconcertato dallo strano freddo che svaniva.

Buck încercă din nou, nedumerit de ciudata răceală care dispărea.

Gli uomini intorno a lui risero e Buck si sentì in imbarazzo.

Bărbaţii din jurul lui au râs, iar Buck s-a simţit jenat.

Non sapeva perché, ma si vergognava della sua reazione.

Nu ştia de ce, dar îi era ruşine de reacţia lui.

Era la sua prima esperienza con la neve e la cosa lo confuse.

Era prima lui experienţă cu zăpada şi l-a nedumerit.

La legge del bastone e della zanna
Legea clubului și a colțului

Il primo giorno di Buck sulla spiaggia di Dyea è stato un terribile incubo.
Prima zi a lui Buck pe plaja Dyea a părut un coșmar teribil.
Ogni ora portava con sé nuovi shock e cambiamenti inaspettati per Buck.
Fiecare oră aducea noi șocuri și schimbări neașteptate pentru Buck.
Era stato strappato alla civiltà e gettato nel caos più totale.
Fusese smuls din civilizație și aruncat într-un haos sălbatic.
Questa non era una vita soleggiata e pigra, fatta di noia e riposo.
Aceasta nu era o viață însorită și leneșă, cu plictiseală și odihnă.
Non c'era pace, né riposo, né momento senza pericolo.
Nu exista pace, nici odihnă și niciun moment fără pericol.
La confusione regnava su tutto e il pericolo era sempre vicino.
Confuzia stăpânea totul, iar pericolul era mereu aproape.
Buck doveva stare attento perché quegli uomini e quei cani erano diversi.
Buck trebuia să fie alert pentru că acești bărbați și câini erau diferiți.
Non provenivano da città; erano selvaggi e spietati.
Nu erau din orașe; erau sălbatici și fără milă.
Questi uomini e questi cani conoscevano solo la legge del bastone e della zanna.
Acești oameni și câini cunoșteau doar legea bâtei și a colțului.
Buck non aveva mai visto dei cani combattere come questi feroci husky.
Buck nu mai văzuse niciodată câini luptând ca acești husky sălbatici.
La sua prima esperienza gli insegnò una lezione che non avrebbe mai dimenticato.

Prima sa experiență i-a învățat o lecție pe care n-o va uita
niciodată.

**Fu una fortuna che non fosse lui, altrimenti sarebbe morto
anche lui.**

A avut noroc că nu era el, altfel ar fi murit și el.

**Curly era quello che soffriva, mentre Buck osservava e
imparava.**

Creț a fost cel care a suferit în timp ce Buck a privit și a
învățat.

**Si erano accampati vicino a un deposito costruito con
tronchi.**

Își făcuseră tabăra lângă o magazie construită din bușteni.

**Curly cercò di essere amichevole con un grosso husky simile
a un lupo.**

Creț a încercat să fie prietenos cu un husky mare, care semăna
cu un lup.

**L'husky era più piccolo di Curly, ma aveva un aspetto
selvaggio e cattivo.**

Husky-ul era mai mic decât Creț, dar arăta sălbatic și rău.

Senza preavviso, lui saltò su e le tagliò il viso.

Fără avertisment, a sărit și i-a tăiat fața.

**Con un solo movimento i suoi denti le tagliarono l'occhio
fino alla mascella.**

Dinții lui i-au tăiat din ochi până la maxilar dintr-o singură
mișcare.

**Ecco come combattevano i lupi: colpivano velocemente e
saltavano via.**

Așa se luptau lupii – loveau repede și săreau departe.

Ma c'era molto di più da imparare da quell'unico attacco.

Dar erau mai multe de învățat decât din acel singur atac.

**Decine di husky si precipitarono dentro e formarono un
cerchio silenzioso.**

Zeci de câini husky s-au năpustit înăuntru și au format un cerc
tăcut.

**Osservavano attentamente e si leccavano le labbra per la
fame.**

Se uitau cu atenție și își linseau buzele de foame.

Buck non capiva il loro silenzio né i loro occhi ansiosi.

Buck nu le înțelegea tăcerea sau ochii nerăbdători.

Curly si lanciò ad attaccare l'husky una seconda volta.

Creț s-a grăbit să atace husky-ul a doua oară.

Usò il suo petto per buttarla a terra con un movimento violento.

Și-a folosit pieptul ca să o doboare cu o mișcare puternică.

Cadde su un fianco e non riuscì più a rialzarsi.

A căzut pe o parte și nu s-a mai putut ridica.

Era proprio quello che gli altri aspettavano da tempo.

Asta așteptaseră ceilalți de la bun început.

Gli husky le saltarono addosso, guaindo e ringhiando freneticamente.

Câinii husky au sărit pe ea, scheunând și mârâind frenetic.

Lei urlò mentre la seppellivano sotto una pila di cani.

A țipat în timp ce au îngropat-o sub o grămadă de câini.

L'attacco fu così rapido che Buck rimase immobile per lo shock.

Atacul a fost atât de rapid încât Buck a încremenit pe loc de șoc.

Vide Spitz tirare fuori la lingua in un modo che sembrava una risata.

L-a văzut pe Spitz scoțând limba într-un fel care părea a fi un râs.

François afferrò un'ascia e corse dritto verso il gruppo di cani.

François a apucat un topor și a alergat direct în grupul de câini.

Altri tre uomini hanno usato dei manganelli per allontanare gli husky.

Alți trei bărbați au folosit bâte pentru a-i ajuta să-i îndepărteze pe husky.

In soli due minuti la lotta finì e i cani se ne andarono.

În doar două minute, lupta s-a terminat și câinii au dispărut.

Curly giaceva morta nella neve rossa calpestata, con il corpo fatto a pezzi.

Creţ zăcea moartă în zăpada roşie, călcată în picioare, cu trupul sfâşiat.

Un uomo dalla pelle scura era in piedi davanti a lei, maledicendo la scena brutale.

Un bărbat cu pielea închisă la culoare stătea deasupra ei, blestemând scena brutală.

Il ricordo rimase con Buck e ossessionò i suoi sogni notturni.

Amintirea a rămas cu Buck şi i-a bântuit visele noaptea.

Ecco come funzionava: niente equità, niente seconda possibilità.

Aşa stăteau lucrurile aici; fără dreptate, fără a doua şansă.

Una volta caduto un cane, gli altri lo uccidevano senza pietà.

Odată ce un câine cădea, ceilalţi îl ucideau fără milă.

Buck decise allora che non si sarebbe mai lasciato cadere.

Buck a decis atunci că nu îşi va permite niciodată să cadă.

Spitz tirò fuori di nuovo la lingua e rise guardando il sangue.

Spitz şi-a scos din nou limba şi a râs de sânge.

Da quel momento in poi, Buck odiò Spitz con tutto il cuore.

Din acel moment, Buck l-a urăsc pe Spitz din toată inima.

Prima che Buck potesse riprendersi dalla morte di Curly, accadde qualcosa di nuovo.

Înainte ca Buck să-şi poată reveni după moartea lui Creţ, s-a întâmplat ceva nou.

François si avvicinò e legò qualcosa attorno al corpo di Buck.

François a venit şi i-a legat ceva în jurul corpului lui Buck.

Era un'imbracatura simile a quelle usate per i cavalli al ranch.

Era un ham ca cele folosite la cai la fermă.

Così come Buck aveva visto lavorare i cavalli, ora era costretto a lavorare anche lui.

Aşa cum Buck văzuse caii la muncă, acum era şi el obligat să muncească.

Dovette trascinare François su una slitta nella foresta vicina.

A trebuit să-l tragă pe François pe o sanie în pădurea din apropiere.

Poi dovette trascinare indietro un pesante carico di legna da ardere.

Apoi a trebuit să tragă înapoi o încărcătură grea de lemne de foc.

Buck era orgoglioso e gli faceva male essere trattato come un animale da lavoro.

Buck era mândru, așa că îl durea să fie tratat ca un animal de muncă.

Ma era saggio e non cercò di combattere la nuova situazione.

Dar a fost înțelept și nu a încercat să lupte împotriva noii situații.

Accettò la sua nuova vita e diede il massimo in ogni compito.

Și-a acceptat noua viață și a dat tot ce a avut mai bun în fiecare sarcină.

Tutto di quel lavoro gli risultava strano e sconosciuto.

Totul legat de muncă îi era ciudat și nefamiliar.

François era severo e pretendeva obbedienza senza indugio.

François era strict și cerea ascultare fără întârziere.

La sua frusta garantiva che ogni comando venisse eseguito immediatamente.

Biciul său se asigura că fiecare comandă era executată imediat.

Dave era il timoniere, il cane più vicino alla slitta dietro Buck.

Dave era trăgătorul, câinele cel mai apropiat de sanie, în spatele lui Buck.

Se commetteva un errore, Dave mordeva Buck sulle zampe posteriori.

Dave îl mușca pe Buck de picioarele din spate dacă făcea o greșeală.

Spitz era il cane guida, abile ed esperto nel ruolo.

Spitz era câinele principal, priceput și experimentat în rol.

Spitz non riusciva a raggiungere Buck facilmente, ma lo corresse comunque.

Spitz nu a putut ajunge ușor la Buck, dar tot l-a corectat.

Ringhiava aspramente o tirava la slitta in modi che insegnavano a Buck.

Mârâia aspru sau trăgea de sanie în moduri care îl învățau pe Buck.

Grazie a questo addestramento, Buck imparò più velocemente di quanto tutti si aspettassero.

Sub acest antrenament, Buck a învățat mai repede decât se așteptau oricare dintre ei.

Lavorò duramente e imparò sia da François che dagli altri cani.

A muncit din greu și a învățat atât de la François, cât și de la ceilalți câini.

Quando tornarono, Buck conosceva già i comandi chiave.

Până s-au întors, Buck știa deja comenzile taste.

Imparò a fermarsi al suono della parola "oh" di François.

A învățat să se oprească la auzul lui „ho" de la François.

Imparò quando era il momento di tirare la slitta e correre.

A învățat când trebuia să tragă de sanie și să alerge.

Imparò a svoltare senza problemi nelle curve del sentiero.

A învățat să vireze larg la curbe pe potecă fără probleme.

Imparò anche a evitare Dave quando la slitta scendeva velocemente.

De asemenea, a învățat să-l evite pe Dave când sania cobora repede panta.

"Sono cani molto buoni", disse orgoglioso François a Perrault.

„Sunt câini foarte buni", i-a spus François cu mândrie lui Perrault.

"Quel Buck tira come un dannato, glielo insegno subito."

„Buck ăla se dă în vânt după el – îl învăț eu repede."

Più tardi quel giorno, Perrault tornò con altri due husky.

Mai târziu în acea zi, Perrault s-a întors cu încă doi câini husky.

Si chiamavano Billee e Joe ed erano fratelli.

Numele lor erau Billee și Joe și erau frați.

Provenivano dalla stessa madre, ma non erano affatto simili.

Proveneau din aceeași mamă, dar nu erau deloc la fel.

Billee era un tipo dolce e molto amichevole con tutti.

Billee era blând și prea prietenos cu toată lumea.

Joe era l'opposto: silenzioso, arrabbiato e sempre ringhiante.

Joe era opusul - tăcut, furios și mereu mârâind.

Buck li salutò amichevolmente e si mantenne calmo con entrambi.

Buck i-a salutat prietenos și a fost calm cu amândoi.

Dave non prestò loro attenzione e rimase in silenzio come al solito.

Dave nu le-a acordat nicio atenție și a rămas tăcut ca de obicei.

Spitz attaccò prima Billee, poi Joe, per dimostrare la sua superiorità.

Spitz l-a atacat mai întâi pe Billee, apoi pe Joe, pentru a-și demonstra dominația.

Billee scodinzolava e cercava di essere amichevole con Spitz.

Billee a dat din coadă și a încercat să fie prietenos cu Spitz.

Quando questo non funzionò, cercò di scappare.

Când asta nu a funcționat, a încercat în schimb să fugă.

Pianse tristemente quando Spitz lo morse forte sul fianco.

A plâns trist când Spitz l-a mușcat puternic de lateral.

Ma Joe era molto diverso e si rifiutava di farsi prendere in giro.

Dar Joe era foarte diferit și refuza să fie hărțuit.

Ogni volta che Spitz si avvicinava, Joe si girava velocemente per affrontarlo.

De fiecare dată când Spitz se apropia, Joe se întorcea repede să-l înfrunte.

La sua pelliccia si drizzò, le sue labbra si arricciarono e i suoi denti schioccarono selvaggiamente.

Blana i s-a zbârlit, buzele i s-au arcuit, iar dinții i-au trosnit sălbatic.

Gli occhi di Joe brillavano di paura e rabbia, sfidando Spitz a colpire.

Ochii lui Joe străluceau de frică și furie, provocându-l pe Spitz să lovească.

Spitz abbandonò la lotta e si voltò, umiliato e arrabbiato.

Spitz a renunțat la luptă și s-a întors, umilit și furios.

Sfogò la sua frustrazione sul povero Billee e lo cacciò via.

Şi-a vărsat frustrarea asupra bietului Billee şi l-a alungat.

Quella sera Perrault aggiunse un altro cane alla squadra.

În seara aceea, Perrault a adăugat încă un câine în echipă.

Questo cane era vecchio, magro e coperto di cicatrici di battaglia.

Acest câine era bătrân, slab şi plin de cicatrici de luptă.

Gli mancava un occhio, ma l'altro brillava di potere.

Îi lipsea un ochi, dar celălalt sclipea puternic.

Il nome del nuovo cane era Solleks, che significa "l'Arrabbiato".

Numele noului câine era Solleks, ceea ce însemna Cel Furios.

Come Dave, Solleks non chiedeva nulla agli altri e non dava nulla in cambio.

La fel ca Dave, Solleks nu le-a cerut nimic altora şi nu a dat nimic înapoi.

Quando Solleks entrò lentamente nell'accampamento, persino Spitz rimase lontano.

Când Solleks a intrat încet în tabără, chiar şi Spitz a stat departe.

Aveva una strana abitudine che Buck ebbe la sfortuna di scoprire.

Avea un obicei ciudat pe care Buck a avut ghinionul să-l descopere.

Solleks detestava essere avvicinato dal lato in cui era cieco.

Solleks ura să fie abordat din partea de unde era orb.

Buck non lo sapeva e commise quell'errore per sbaglio.

Buck nu ştia asta şi a făcut greşeala din greşeală.

Solleks si voltò di scatto e colpì la spalla di Buck in modo profondo e rapido.

Solleks se întoarse şi îl lovi adânc şi rapid pe Buck în umăr.

Da quel momento in poi, Buck non si avvicinò mai più al lato cieco di Solleks.

Din acel moment, Buck nu s-a mai apropiat de punctul mort al lui Solleks.

Non ebbero mai più problemi per il resto del tempo che trascorsero insieme.

Nu au mai avut niciodată probleme în restul timpului petrecut împreună.

Solleks voleva solo essere lasciato solo, come il tranquillo Dave.

Solleks nu voia decât să fie lăsat în pace, la fel ca tăcutul Dave.

Ma Buck avrebbe scoperto in seguito che ognuno di loro aveva un altro obiettivo segreto.

Dar Buck avea să afle mai târziu că fiecare avea un alt obiectiv secret.

Quella notte Buck si trovò ad affrontare una nuova e preoccupante sfida: come dormire.

În noaptea aceea, Buck s-a confruntat cu o provocare nouă și tulburătoare - cum să doarmă.

La tenda era illuminata caldamente dalla luce delle candele nel campo innevato.

Cortul strălucea cald la lumina lumânărilor în câmpul înzăpezit.

Buck entrò, pensando che lì avrebbe potuto riposare come prima.

Buck a intrat, gândindu-se că se poate odihni acolo ca înainte.

Ma Perrault e François gli urlarono contro e gli tirarono delle padelle.

Dar Perrault și François au țipat la el și au aruncat cu tigăi.

Sconvolto e confuso, Buck corse fuori nel freddo gelido.

Șocat și confuz, Buck a fugit afară în frigul înghețat.

Un vento gelido gli pungeva la spalla ferita e gli congelava le zampe.

Un vânt puternic i-a înțepat umărul rănit și i-a înghețat labele.

Si sdraiò sulla neve e cercò di dormire all'aperto.

S-a întins în zăpadă și a încercat să doarmă afară, la vedere.

Ma il freddo lo costrinse presto a rialzarsi, tremando forte.

Dar frigul l-a obligat curând să se ridice din nou, tremurând rău.

Vagò per l'accampamento, cercando di trovare un posto più caldo.

A rătăcit prin tabără, încercând să găsească un loc mai cald.

Ma ogni angolo era freddo come quello precedente.

Dar fiecare colţ era la fel de rece ca cel de dinainte.

A volte dei cani feroci gli saltavano addosso dall'oscurità.

Uneori, câini sălbatici săreau la el din întuneric.

Buck drizzò il pelo, scoprì i denti e ringhiò in tono ammonitore.

Buck şi-a zbârlit blana, şi-a arătat dinţii şi a mârâit în semn de avertisment.

Lui stava imparando in fretta e gli altri cani si sono subito tirati indietro.

Învăţa repede, iar ceilalţi câini s-au retras repede.

Tuttavia, non aveva un posto dove dormire e non aveva idea di cosa fare.

Totuşi, nu avea unde să doarmă şi habar n-avea ce să facă.

Alla fine gli venne in mente un pensiero: andare a dare un'occhiata ai suoi compagni di squadra.

În cele din urmă, i-a venit o idee - să-şi vadă coechipierii.

Ritornò nella loro zona e rimase sorpreso nel constatare che non c'erano più.

S-a întors în zona lor şi a fost surprins să-i vadă dispăruţi.

Cercò di nuovo nell'accampamento, ma ancora non riuscì a trovarli.

A căutat din nou prin tabără, dar tot nu i-a găsit.

Sapeva che loro non potevano stare nella tenda, altrimenti ci sarebbe stato anche lui.

Ştia că nu puteau fi în cort, altfel ar fi fost şi el.

E allora, dove erano finiti tutti i cani in quell'accampamento ghiacciato?

Deci, unde dispăruseră toţi câinii în această tabără îngheţată?

Buck, infreddolito e infelice, girò lentamente intorno alla tenda.

Buck, înfrigurat şi nefericit, se învârtea încet în jurul cortului.

All'improvviso, le sue zampe anteriori sprofondarono nella neve soffice e lo spaventarono.

Deodată, picioarele din faţă i se afundară în zăpada moale şi îl tresăriră.

Qualcosa si mosse sotto i suoi piedi e lui fece un salto indietro per la paura.

Ceva s-a zvârcolit sub picioarele lui, iar el a sărit înapoi de frică.

Ringhiava e ringhiava, non sapendo cosa si nascondesse sotto la neve.

A mârâit și a mârâit, neștiind ce se ascundea sub zăpadă.

Poi udì un piccolo abbaio amichevole che placò la sua paura.

Apoi a auzit un lătrat ușor și prietenos care i-a potolit teama.

Annusò l'aria e si avvicinò per vedere cosa fosse nascosto.

A adulmecat aerul și s-a apropiat să vadă ce era ascuns.

Sotto la neve, rannicchiata in una calda palla, c'era la piccola Billee.

Sub zăpadă, ghemuit într-o minge caldă, se afla micuțul Billee.

Billee scodinzolò e leccò il muso di Buck per salutarlo.

Billee a dat din coadă și l-a lins pe Buck pe față ca să-l salute.

Buck vide come Billee si era costruito un posto per dormire nella neve.

Buck a văzut cum Billee își făcuse un loc de dormit în zăpadă.

Aveva scavato e sfruttato il suo calore per scaldarsi.

Săpase în adâncul pământului și își folosise propria căldură ca să se încălzească.

Buck aveva imparato un'altra lezione: ecco come dormivano i cani.

Buck învățase o altă lecție – așa dormeau câinii.

Scelse un posto e cominciò a scavare la sua buca nella neve.

Și-a ales un loc și a început să-și sape propria groapă în zăpadă.

All'inizio si muoveva troppo e sprecava energie.

La început, se mișca prea mult și își irosea energia.

Ma ben presto il suo corpo riscaldò lo spazio e si sentì al sicuro.

Dar curând corpul său a încălzit spațiul, iar el s-a simțit în siguranță.

Si rannicchiò forte e poco dopo si addormentò profondamente.

S-a ghemuit strâns și, în scurt timp, a adormit dus.

La giornata era stata lunga e dura e Buck era esausto.

Ziua fusese lungă și grea, iar Buck era epuizat.

Dormì profondamente e comodamente, anche se fece sogni selvaggi.

A dormit adânc și confortabil, deși visele sale erau nebunești.

Ringhiava e abbaiava nel sonno, contorcendosi mentre sognava.

A mârâit și a lătrat în somn, răsucindu-se în timp ce visa.

Buck non si svegliò finché l'accampamento non cominciò a prendere vita.

Buck nu s-a trezit până când tabăra nu a început deja să prindă viață.

All'inizio non sapeva dove si trovasse o cosa fosse successo.

La început, nu știa unde se afla sau ce se întâmplase.

La neve era caduta durante la notte e aveva seppellito completamente il suo corpo.

Ninsoarea căzuse peste noapte și i-a îngropat complet trupul.

La neve lo circondava, fitta su tutti i lati.

Zăpada se strângea în jurul lui, strânsă din toate părțile.

All'improvviso un'ondata di paura percorse tutto il corpo di Buck.

Deodată, un val de frică l-a străbătut pe Buck.

Era la paura di rimanere intrappolati, una paura che proveniva da istinti profondi.

Era frica de a fi prins în capcană, o frică provenită din instincte profunde.

Sebbene non avesse mai visto una trappola, la paura era viva dentro di lui.

Deși nu văzuse niciodată o capcană, frica trăia în el.

Era un cane addomesticato, ma ora i suoi vecchi istinti selvaggi si stavano risvegliando.

Era un câine îmblânzit, dar acum vechile sale instincte sălbatice se trezeau.

I muscoli di Buck si irrigidirono e il pelo gli si rizzò su tutta la schiena.

Mușchii lui Buck s-au încordat, iar blana i s-a zbârlit pe toată spatele.

Ringhiò furiosamente e balzò in piedi nella neve.

A mârâit furios şi a sărit drept în sus prin zăpadă.

La neve volava in ogni direzione mentre lui irrompeva nella luce del giorno.

Zăpada zbura în toate direcţiile în timp ce el ţâşnea la lumina zilei.

Ancora prima di atterrare, Buck vide l'accampamento disteso davanti a lui.

Chiar înainte de a ateriza, Buck văzu tabăra întinsă în faţa lui.

Ricordò tutto del giorno prima, tutto in una volta.

Şi-a amintit totul de ziua precedentă, dintr-o dată.

Ricordava di aver passeggiato con Manuel e di essere finito in quel posto.

Îşi amintea cum se plimbase cu Manuel şi cum ajunsese în locul acesta.

Ricordava di aver scavato la buca e di essersi addormentato al freddo.

Îşi amintea cum săpase groapa şi adormise în frig.

Ora era sveglio e il mondo selvaggio intorno a lui era limpido.

Acum era treaz, iar lumea sălbatică din jurul lui era limpede.

Un grido di François annunciò l'improvvisa apparizione di Buck.

Un strigăt din partea lui François a anunţat apariţia neaşteptată a lui Buck.

"Cosa ho detto?" gridò a gran voce il conducente del cane a Perrault.

„Ce-am spus?", i-a strigat tare vizitiul câinelui lui Perrault.

"Quel Buck impara sicuramente in fretta", ha aggiunto François.

„Buck ăla învaţă cu siguranţă repede", a adăugat François.

Perrault annuì gravemente, visibilmente soddisfatto del risultato.

Perrault dădu grav din cap, evident mulţumit de rezultat.

In qualità di corriere del governo canadese, trasportava dispacci.

Ca curier pentru guvernul canadian, a transportat corespondenţe.

Era ansioso di trovare i cani migliori per la sua importante missione.

Era nerăbdător să găsească cei mai potriviți câini pentru importanta sa misiune.

Ora si sentiva particolarmente contento che Buck facesse parte della squadra.

Se simțea deosebit de încântat acum că Buck făcea parte din echipă.

Nel giro di un'ora, alla squadra furono aggiunti altri tre husky.

Încă trei câini husky au fost adăugați echipei în decurs de o oră.

Ciò ha portato il numero totale dei cani della squadra a nove.

Asta a adus numărul total de câini din echipă la nouă.

Nel giro di quindici minuti tutti i cani erano imbracati.

În cincisprezece minute, toți câinii erau în hamuri.

La squadra di slitte stava risalendo il sentiero verso Dyea Cañon.

Echipa de sanie înainta pe potecă spre Dyea Cañon.

Buck era contento di andarsene, anche se il lavoro che lo attendeva era duro.

Buck se simțea bucuros că pleca, chiar dacă munca care îl aștepta era grea.

Scoprì di non disprezzare particolarmente né il lavoro né il freddo.

A descoperit că nu disprețuia în mod deosebit munca sau frigul.

Fu sorpreso dall'entusiasmo che pervadeva tutta la squadra.

A fost surprins de nerăbdarea care a cuprins întreaga echipă.

Ancora più sorprendente fu il cambiamento avvenuto in Dave e Solleks.

Și mai surprinzătoare a fost schimbarea care se produsese la Dave și Solleks.

Questi due cani erano completamente diversi quando venivano imbrigliati.

Acești doi câini erau complet diferiți când erau înhamați.

La loro passività e la loro disattenzione erano completamente scomparse.

Pasivitatea și lipsa lor de grijă dispăruseră complet.

Erano attenti e attivi, desiderosi di svolgere bene il loro lavoro.

Erau alerți și activi și dornici să-și facă bine treaba.

Si irritavano ferocemente per qualsiasi cosa provocasse ritardi o confusione.

Deveneau extrem de iritați de orice cauza întârzieri sau confuzie.

Il duro lavoro sulle redini era il centro del loro intero essere.

Munca asiduă la frâie era centrul întregii lor ființe.

Sembrava che l'unica cosa che gli piacesse davvero fosse tirare la slitta.

Trasul de sanie părea a fi singurul lucru de care le plăcea cu adevărat.

Dave era in fondo al gruppo, il più vicino alla slitta.

Dave era în spatele grupului, cel mai aproape de sanie.

Buck fu messo davanti a Dave e Solleks superò Buck.

Buck a fost plasat în fața lui Dave, iar Solleks a luat-o înaintea lui Buck.

Il resto dei cani era disposto in fila indiana davanti a loro.

Restul câinilor erau înșirați în față, într-un șir indian.

La posizione di testa in prima linea era occupata da Spitz.

Poziția de lider în față a fost ocupată de Spitz.

Buck era stato messo tra Dave e Solleks per essere istruito.

Buck fusese plasat între Dave și Solleks pentru instruire.

Lui imparava in fretta e gli insegnanti erano risoluti e capaci.

El învăța repede, iar ei erau profesori fermi și capabili.

Non permisero mai a Buck di restare a lungo nell'errore.

Nu i-au permis niciodată lui Buck să rămână în greșeală mult timp.

Quando necessario, impartivano le lezioni con denti affilati.

Își predau lecțiile cu dinți ascuțiți atunci când era nevoie.

Dave era giusto e dimostrava una saggezza pacata e seria.

Dave a fost corect și a dat dovadă de un fel de înțelepciune discretă și serioasă.

Non mordeva mai Buck senza una buona ragione.

Nu l-a mușcat niciodată pe Buck fără un motiv întemeiat să o facă.

Ma non mancava mai di mordere quando Buck aveva bisogno di essere corretto.

Dar nu ezita niciodată să muște când Buck avea nevoie de corecție.

La frusta di François era sempre pronta e sosteneva la loro autorità.

Biciul lui François era mereu gata de atac și le susținea autoritatea.

Buck scoprì presto che era meglio obbedire che reagire.

Buck și-a dat seama curând că era mai bine să asculte decât să riposteze.

Una volta, durante un breve riposo, Buck rimase impigliato nelle redini.

Odată, în timpul unei scurte pauze, Buck s-a încurcat în hățuri.

Ritardò la partenza e confuse i movimenti della squadra.

A întârziat începutul și a încurcat mișcarea echipei.

Dave e Solleks si avventarono su di lui e lo picchiarono duramente.

Dave și Solleks au zburat spre el și l-au bătut zdravăn.

La situazione peggiorò ulteriormente, ma Buck imparò bene la lezione.

Încurcătura s-a înrăutățit, dar Buck și-a învățat bine lecția.

Da quel momento in poi tenne le redini tese e lavorò con attenzione.

De atunci încolo, a ținut hățurile întinse și a lucrat cu grijă.

Prima che la giornata finisse, Buck aveva portato a termine gran parte del suo compito.

Înainte de sfârșitul zilei, Buck își stăpânise deja o mare parte din sarcină.

I suoi compagni di squadra quasi smisero di correggerlo o di morderlo.

Coechipierii lui aproape că au încetat să-l mai corecteze sau să-l muște.

La frusta di François schioccava nell'aria sempre meno spesso.

Biciul lui François trosnea prin aer din ce în ce mai rar.

Perrault sollevò addirittura i piedi di Buck ed esaminò attentamente ogni zampa.

Perrault a ridicat chiar și picioarele lui Buck și a examinat cu atenție fiecare labă.

Era stata una giornata di corsa dura, lunga ed estenuante per tutti loro.

Fusese o zi grea de alergare, lungă și epuizantă pentru toți.

Risalirono il Cañon, attraversarono Sheep Camp e superarono le Scales.

Au călătorit în sus pe Canion, prin Tabăra Oilor și pe lângă Cântar.

Superarono il limite della vegetazione arborea, poi ghiacciai e cumuli di neve alti diversi metri.

Au traversat limita pădurii, apoi ghețari și troiene de zăpadă adânci de mulți metri.

Scalarono il grande e freddo Chilkoot Divide.

Au escaladat marele și neprimitorul deal Chilkoot Divide.

Quella cresta elevata si ergeva tra l'acqua salata e l'interno ghiacciato.

Acea creastă înaltă se afla între apa sărată și interiorul înghețat.

Le montagne custodivano il triste e solitario Nord con ghiaccio e ripide salite.

Munții păzeau Nordul trist și singuratic cu gheață și urcușuri abrupte.

Scesero rapidamente lungo una lunga catena di laghi sotto la dorsale.

Au coborât repede un lanț lung de lacuri, sub despărțitor.

Questi laghi riempivano gli antichi crateri di vulcani spenti.

Acele lacuri au umplut craterele antice ale vulcanilor stinși.

Quella notte tardi raggiunsero un grande accampamento presso il lago Bennett.

Târziu în acea noapte, au ajuns la o tabără mare la Lacul Bennett.

Migliaia di cercatori d'oro erano lì, intenti a costruire barche per la primavera.
Mii de căutători de aur erau acolo, construind bărci pentru primăvară.

Il ghiaccio si sarebbe presto rotto e dovevano essere pronti.
Gheața urma să se spargă în curând și trebuiau să fie pregătiți.

Buck scavò la sua buca nella neve e cadde in un sonno profondo.
Buck și-a săpat groapa în zăpadă și a căzut într-un somn adânc.

Dormiva come un lavoratore, esausto dopo una dura giornata di lavoro.
A dormit ca un om care muncește, epuizat de ziua grea de trudă.

Ma venne strappato al sonno troppo presto, nell'oscurità.
Dar prea devreme, în întuneric, a fost smuls din somn.

Fu nuovamente imbrigliato insieme ai suoi compagni e attaccato alla slitta.
A fost din nou înhamat împreună cu tovarășii săi și atașat de sanie.

Quel giorno percorsero quaranta miglia, perché la neve era ben calpestata.
În ziua aceea au făcut patruzeci de mile, pentru că zăpada era bine bătătorită.

Il giorno dopo, e per molti giorni a seguire, la neve era soffice.
A doua zi și multe zile după aceea, zăpada era moale.

Dovettero farsi strada da soli, lavorando di più e muovendosi più lentamente.
A trebuit să-și croiască singuri drumul, muncind mai mult și mișcându-se mai încet.

Di solito, Perrault camminava davanti alla squadra con le ciaspole palmate.
De obicei, Perrault mergea înaintea echipei cu rachete de zăpadă cu pânze.

I suoi passi compattavano la neve, facilitando lo spostamento della slitta.

Pașii lui au împachetat zăpada, ușurând mișcarea saniei.

François, che era al timone della barca a vela, a volte prendeva il comando.

François, care conducea de la bara de direcție, prelua uneori controlul.

Ma era raro che François prendesse l'iniziativa

Dar era rar ca François să preia conducerea

perché Perrault aveva fretta di consegnare le lettere e i pacchi.

pentru că Perrault se grăbea să livreze scrisorile și coletele.

Perrault era orgoglioso della sua conoscenza della neve, e in particolare del ghiaccio.

Perrault era mândru de cunoștințele sale despre zăpadă și în special despre gheață.

Questa conoscenza era essenziale perché il ghiaccio autunnale era pericolosamente sottile.

Această cunoaștere era esențială, deoarece gheața de toamnă era periculos de subțire.

Dove l'acqua scorreva rapidamente sotto la superficie non c'era affatto ghiaccio.

Acolo unde apa curgea repede sub suprafață, nu exista deloc gheață.

Giorno dopo giorno, la stessa routine si ripeteva senza fine.

Zi de zi, aceeași rutină se repeta fără sfârșit.

Buck lavorava senza sosta con le redini, dall'alba alla sera.

Buck a trudit nesfârșit în hățuri din zori până în noapte.

Lasciarono l'accampamento al buio, molto prima che sorgesse il sole.

Au părăsit tabăra pe întuneric, cu mult înainte de răsăritul soarelui.

Quando spuntò l'alba, avevano già percorso molti chilometri.

Până se lumina de ziuă, erau deja mulți kilometri în urma lor.

Si accamparono dopo il tramonto, mangiando pesce e scavando buche nella neve.

Şi-au ridicat tabăra după lăsarea întunericului, mâncând peşte şi săpând în zăpadă.

Buck era sempre affamato e non era mai veramente soddisfatto della sua razione.

Buck era mereu flămând şi niciodată cu adevărat mulţumit de raţia sa.

Riceveva ogni giorno mezzo chilo di salmone essiccato.

El primea o jumătate de kilogram de somon uscat în fiecare zi.

Ma il cibo sembrò svanire dentro di lui, lasciandogli solo la fame.

Dar mâncarea părea să dispară în el, lăsând în urmă foamea.

Soffriva di continui morsi della fame e sognava di avere più cibo.

Suferea de foame constantă şi visa la mai multă mâncare.

Gli altri cani hanno ricevuto solo mezzo chilo di cibo, ma sono rimasti forti.

Ceilalţi câini au primit doar o jumătate de kilogram de mâncare, dar au rămas puternici.

Erano più piccoli ed erano nati in una società nordica.

Erau mai mici şi se născuseră în viaţa nordică.

Perse rapidamente la pignoleria che aveva caratterizzato la sua vecchia vita.

A pierdut repede meticulozitatea care îi marcase vechea viaţă.

Fino a quel momento era stato un mangiatore prelibato, ma ora non gli era più possibile.

Fusese un mâncător delicat, dar acum asta nu mai era posibil.

I suoi compagni arrivarono primi e gli rubarono la razione rimasta.

Prietenii lui au terminat primii şi l-au jefuit de raţia neterminată.

Una volta cominciati, non c'era più modo di difendere il cibo da loro.

Odată ce au început, nu a mai existat nicio modalitate de a-i apăra mâncarea de ei.

Mentre lui lottava contro due o tre cani, gli altri rubarono il resto.

În timp ce el alunga doi sau trei câini, ceilalți i-au furat pe restul.

Per risolvere il problema, cominciò a mangiare velocemente come mangiavano gli altri.

Ca să rezolve asta, a început să mănânce la fel de repede cum mâncau ceilalți.

La fame lo spingeva così forte che arrivò persino a prendere del cibo non suo.

Foamea l-a împins atât de tare încât a luat chiar și mâncare care nu era a lui.

Osservò gli altri e imparò rapidamente dalle loro azioni.

I-a observat pe ceilalți și a învățat repede din faptele lor.

Vide Pike, un nuovo cane, rubare una fetta di pancetta a Perrault.

L-a văzut pe Pike, un câine nou-nouț, furând o felie de slănină de la Perrault.

Pike aveva aspettato che Perrault gli voltasse le spalle per rubare la pagnotta.

Pike așteptase până când Perrault se întorsese cu spatele ca să fure slănina.

Il giorno dopo, Buck copiò Pike e rubò l'intero pezzo.

A doua zi, Buck l-a copiat pe Pike și a furat toată bucata.

Seguì un gran tumulto, ma Buck non fu sospettato.

A urmat o mare gălăgie, dar Buck nu a fost bănuit.

Al suo posto venne punito Dub, un cane goffo che veniva sempre beccato.

Dub, un câine neîndemânatic care era mereu prins, a fost pedepsit în schimb.

Quel primo furto fece di Buck un cane adatto a sopravvivere al Nord.

Primul furt l-a marcat pe Buck ca un câine apt să supraviețuiască în Nord.

Ha dimostrato di sapersi adattare alle nuove condizioni e di saper imparare rapidamente.

A demonstrat că se poate adapta la condiții noi și că poate învăța repede.

Senza tale adattabilità, sarebbe morto rapidamente e gravemente.

Fără o astfel de adaptabilitate, ar fi murit repede și rău.

Segnò anche il crollo della sua natura morale e dei suoi valori passati.

De asemenea, a marcat prăbușirea naturii sale morale și a valorilor din trecut.

Nel Southland aveva vissuto secondo la legge dell'amore e della gentilezza.

În Southland, trăise sub legea iubirii și a bunătății.

Lì aveva senso rispettare la proprietà e i sentimenti degli altri cani.

Acolo avea sens să respecți proprietatea și sentimentele altor câini.

Ma i Northland seguivano la legge del bastone e la legge della zanna.

Dar Northland-ul a urmat legea măciucii și legea colțului.

Chiunque rispettasse i vecchi valori era uno sciocco e avrebbe fallito.

Oricine a respectat vechile valori aici a fost nechibzuit și ar eșua.

Buck non rifletté su tutto questo nella sua mente.

Buck nu și-a dat seama de toate acestea.

Era in forma e quindi si adattò senza pensarci due volte.

Era în formă, așa că s-a adaptat fără a fi nevoie să se gândească.

In tutta la sua vita non era mai fuggito da una rissa.

Toată viața lui, nu fugise niciodată de o luptă.

Ma la mazza di legno dell'uomo con il maglione rosso cambiò la regola.

Dar bâta de lemn a bărbatului în pulover roșu a schimbat regula.

Ora seguiva un codice più profondo e antico, inscritto nel suo essere.

Acum urma un cod mai profund, mai vechi, înscris în ființa sa.

Non rubava per piacere, ma per il dolore della fame.

Nu a furat din plăcere, ci din durerea foamei.

Non rubava mai apertamente, ma rubava con astuzia e attenzione.

Nu a jefuit niciodată pe față, ci a furat cu viclenie și grijă.

Agì per rispetto verso la clava di legno e per paura delle zanne.

A acționat din respect pentru bâta de lemn și din teama de colț.

In breve, ha fatto ciò che era più facile e sicuro che non farlo.

Pe scurt, a făcut ceea ce era mai ușor și mai sigur decât să nu o facă.

Il suo sviluppo, o forse il suo ritorno ai vecchi istinti, fu rapido.

Dezvoltarea sa – sau poate revenirea la vechile instincte – a fost rapidă.

I suoi muscoli si indurirono fino a diventare forti come il ferro.

Mușchii i s-au întărit până când au părut la fel de puternici ca fierul.

Non gli importava più del dolore, a meno che non fosse grave.

Nu-i mai păsa de durere, decât dacă era serioasă.

Divenne efficiente dentro e fuori, senza sprecare nulla.

A devenit eficient pe dinăuntru și pe dinafară, fără a irosi absolut nimic.

Poteva mangiare cose disgustose, marce o difficili da digerire.

Putea mânca lucruri oribile, putrede sau greu de digerat.

Qualunque cosa mangiasse, il suo stomaco ne sfruttava ogni singolo pezzetto di valore.

Orice ar fi mâncat, stomacul său folosea până la ultima fărâmă de valoare.

Il suo sangue trasportava i nutrienti in tutto il suo potente corpo.

Sângele său transporta nutrienții departe prin corpul său puternic.

Ciò gli ha permesso di sviluppare tessuti forti che gli hanno conferito un'incredibile resistenza.

Acest lucru i-a construit țesuturi puternice care i-au oferit o rezistență incredibilă.

La sua vista e il suo olfatto diventarono molto più sensibili di prima.

Văzul și mirosul lui au devenit mult mai sensibile decât înainte.

Il suo udito diventò così acuto che riusciva a percepire anche i suoni più deboli durante il sonno.

Auzul i-a devenit atât de ascuțit încât putea detecta sunete slabe în somn.

Nei sogni sapeva se quei suoni significavano sicurezza o pericolo.

Știa în visele sale dacă sunetele însemnau siguranță sau pericol.

Imparò a mordere con i denti il ghiaccio tra le dita dei piedi.

A învățat să muște gheața dintre degetele de la picioare cu dinții.

Se una pozza d'acqua si ghiacciava, lui rompeva il ghiaccio con le gambe.

Dacă o groapă de apă îngheța, el spargea gheața cu picioarele.

Si impennò e colpì duramente il ghiaccio con gli arti anteriori rigidi.

S-a ridicat cabrat și a lovit puternic gheața cu membrele din față înțepenite.

La sua abilità più sorprendente era quella di prevedere i cambiamenti del vento durante la notte.

Cea mai izbitoare abilitate a sa era prezicerea schimbărilor de vânt peste noapte.

Anche quando l'aria era immobile, sceglieva luoghi riparati dal vento.

Chiar și atunci când aerul era nemișcat, el alegea locuri adăpostite de vânt.

Ovunque scavasse il nido, il vento del giorno dopo lo superava.

Oriunde și-a săpat cuibul, vântul de a doua zi a trecut pe lângă el.

Alla fine si ritrovava sempre al sicuro e protetto, al riparo dal vento.

Întotdeauna sfârșea confortabil și protejat, sub vânt.

Buck non solo imparò dall'esperienza: anche il suo istinto tornò.

Buck nu numai că a învățat din experiență – și instinctele i-au revenit.

Le abitudini delle generazioni addomesticate cominciarono a scomparire.

Obiceiurile generațiilor domesticite au început să dispară.

Ricordava vagamente i tempi antichi della sua razza.

În moduri vagi, își amintea de vremurile străvechi ale rasei sale.

Ripensò a quando i cani selvatici correvano in branco nelle foreste.

S-a gândit la vremea când câinii sălbatici alergau în haite prin păduri.

Avevano inseguito e ucciso la loro preda mentre la inseguivano.

Și-au urmărit și ucis prada în timp ce o goneau.

Per Buck fu facile imparare a combattere con forza e velocità.

Lui Buck i-a fost ușor să învețe să lupte cu dinți și viteză.

Come i suoi antenati, usava tagli, squarci e schiocchi rapidi.

Folosea tăieturi, lovituri și pocnete rapide exact ca strămoșii săi.

Quegli antenati si risvegliarono in lui e risvegliarono la sua natura selvaggia.

Acei strămoși s-au mișcat în el și i-au trezit natura sălbatică.

Le loro vecchie abilità gli erano state trasmesse attraverso la linea di sangue.

Vechile lor abilități îi transmiseseră prin linie genealogică.

Ora i loro trucchi erano suoi, senza bisogno di pratica o sforzo.

Trucurile lor erau acum ale lui, fără a fi nevoie de exersare sau efort.

Nelle notti fredde e tranquille, Buck sollevava il naso e ululò.

În nopțile liniștite și reci, Buck își ridica nasul și urla.

Ululò a lungo e profondamente, come facevano i lupi tanto tempo fa.

A urlat prelung și adânc, așa cum făcuseră lupii cu mult timp în urmă.

Attraverso di lui, i suoi antenati defunti puntarono il naso e ululàrono.

Prin intermediul lui, strămoșii săi morți își îndreptau nasurile și urlau.

Hanno ululato attraverso i secoli con la sua voce e la sua forma.

Au urlat de-a lungul secolelor în vocea și înfățișarea lui.

Le sue cadenze erano le loro, vecchi gridi che parlavano di dolore e di freddo.

Cadențele lui erau ale lor, strigăte vechi care vorbeau despre durere și frig.

Cantavano dell'oscurità, della fame e del significato dell'inverno.

Au cântat despre întuneric, despre foame și despre semnificația iernii.

Buck ha dimostrato come la vita sia plasmata da forze che vanno oltre noi stessi,

Buck a demonstrat cum viața este modelată de forțe dincolo de noi înșine,

l'antico canto risuonò nelle vene di Buck e si impadronì della sua anima.

cântecul străvechi s-a înălțat prin Buck și i-a cuprins sufletul.

Ritrovò se stesso perché gli uomini avevano trovato l'oro nel Nord.

S-a găsit pe sine pentru că oamenii găsiseră aur în Nord.

E lo trovò perché Manuel, l'aiutante giardiniere, aveva bisogno di soldi.

Și s-a regăsit pentru că Manuel, ajutorul grădinarului, avea nevoie de bani.

La Bestia Primordiale Dominante
Bestia Primordială Dominanta

La bestia primordiale dominante era più forte che mai in Buck.

Bestia primordială dominantă era la fel de puternică ca întotdeauna în Buck.

Ma la bestia primordiale dominante era rimasta dormiente in lui.

Dar fiara primordială dominantă zăcuse latentă în el.

La vita sui sentieri era dura, ma rafforzava la bestia che era in Buck.

Viața pe drumul cel bun era grea, dar întărea fiara din Buck.

Segretamente la bestia diventava sempre più forte ogni giorno.

În secret, fiara devenea din ce în ce mai puternică pe zi ce trece.

Ma quella crescita interiore è rimasta nascosta al mondo esterno.

Dar acea creștere interioară a rămas ascunsă lumii exterioare.

Una forza primordiale calma e silenziosa si stava formando dentro Buck.

O forță primordială, liniștită și calmă, se clădea în interiorul lui Buck.

Una nuova astuzia diede a Buck equilibrio, calma e compostezza.

Noua viclenie i-a dat lui Buck echilibru, calm, control și atitudine.

Buck si concentrò molto sull'adattamento, senza mai sentirsi completamente rilassato.

Buck s-a concentrat din greu pe adaptare, fără să se simtă niciodată complet relaxat.

Evitava i conflitti, non iniziava mai litigi e non cercava mai guai.

El evita conflictele, nu inițiază niciodată certuri și nici nu caută probleme.

Ogni mossa di Buck era scandita da una riflessione lenta e costante.

O gândire lentă și constantă îi modela fiecare mișcare lui Buck.

Evitava scelte avventate e decisioni improvvise e sconsiderate.

A evitat alegerile pripite și deciziile bruște și nesăbuite.

Sebbene Buck odiasse profondamente Spitz, non gli mostrò alcuna aggressività.

Deși Buck îl ura profund pe Spitz, nu i-a arătat nicio agresivitate.

Buck non provocò mai Spitz e mantenne le sue azioni moderate.

Buck nu l-a provocat niciodată pe Spitz și și-a.ținut acțiunile reținute.

Spitz, d'altro canto, percepì il pericolo crescente in Buck.

Spitz, pe de altă parte, a simțit pericolul crescând la Buck.

Vedeva Buck come una minaccia e una seria sfida al suo potere.

El îl vedea pe Buck ca pe o amenințare și o provocare serioasă la adresa puterii sale.

Coglieva ogni occasione per ringhiare e mostrare i suoi denti aguzzi.

A folosit fiecare ocazie să mârâie și să-și arate dinții ascuțiți.

Stava cercando di dare inizio allo scontro mortale che sarebbe dovuto avvenire.

Încerca să înceapă lupta mortală care trebuia să urmeze.

All'inizio del viaggio, tra loro scoppiò quasi una lite.

La începutul călătoriei, era cât pe ce să izbucnească o ceartă între ei.

Ma un incidente inaspettato impedì che il combattimento avesse luogo.

Însă un accident neașteptat a oprit lupta.

Quella sera si accamparono sul gelido lago Le Barge.

În seara aceea și-au stabilit tabăra pe lacul extrem de rece Le Barge.

La neve cadeva fitta e il vento era tagliente come una lama.

Ninsoarea cădea tare, iar vântul tăia ca un cuțit.

La notte era scesa troppo in fretta e l'oscurità li aveva avvolti.

Noaptea venise prea repede și întunericul îi înconjura.

Difficilmente avrebbero potuto scegliere un posto peggiore per riposare.

Cu greu ar fi putut alege un loc mai rău pentru odihnă.

I cani cercavano disperatamente un posto dove sdraiarsi.

Câinii căutau cu disperare un loc unde să se culce.

Dietro il piccolo gruppo si ergeva un'alta parete rocciosa.

Un perete înalt de stâncă se înălța abrupt în spatele micului grup.

Per alleggerire il carico, la tenda era stata lasciata a Dyea.

Cortul fusese lăsat în urmă în Dyea pentru a ușura povara.

Non avevano altra scelta che accendere il fuoco direttamente sul ghiaccio.

Nu au avut de ales decât să facă focul chiar pe gheață.

Stendevano i loro accappatoi direttamente sul lago ghiacciato.

Și-au întins hainele de dormit direct pe lacul înghețat.

Qualche pezzo di legno galleggiante dava loro un po' di fuoco.

Câteva bețe de lemn plutitor le-au dat puțin foc.

Ma il fuoco è stato acceso sul ghiaccio e attraverso di esso si è scongelato.

Dar focul a fost aprins pe gheață și s-a dezghețat prin ea.

Alla fine cenarono al buio.

În cele din urmă, își mâncau cina în întuneric.

Buck si rannicchiò accanto alla roccia, al riparo dal vento freddo.

Buck se ghemui lângă stâncă, adăpostit de vântul rece.

Il posto era così caldo e sicuro che Buck non voleva andarsene.

Locul era atât de cald și sigur încât Buck ura să se îndepărteze.

Ma François aveva scaldato il pesce e stava distribuendo le razioni.

Dar François încălzise peștele și împărțea rații.

Buck finì di mangiare in fretta e tornò a letto.

Buck termină repede de mâncat și se întoarse în pat.

Ma Spitz ora giaceva dove Buck aveva preparato il suo letto.
Dar Spitz stătea acum întins acolo unde Buck își făcuse patul.
Un ringhio basso avvertì Buck che Spitz si rifiutava di muoversi.
Un mârâit înfundat l-a avertizat pe Buck că Spitz refuza să se miște.
Finora Buck aveva evitato lo scontro con Spitz.
Până acum, Buck evitase această luptă cu Spitz.
Ma nel profondo di Buck la bestia alla fine si liberò.
Dar, în adâncul lui Buck, fiara s-a dezlănțuit în cele din urmă.
Il furto del suo posto letto era troppo da tollerare.
Furtul locului său de dormit era prea greu de tolerat.
Buck si lanciò contro Spitz, pieno di rabbia e furore.
Buck s-a năpustit asupra lui Spitz, plin de furie și mânie.
Fino a quel momento Spitz aveva pensato che Buck fosse solo un grosso cane.
Până acum, Spitz crezuse că Buck era doar un câine mare.
Non pensava che Buck fosse sopravvissuto grazie al suo spirito.
Nu credea că Buck supraviețuise datorită spiritului său.
Si aspettava paura e codardia, non furia e vendetta.
Se aștepta la frică și lașitate, nu la furie și răzbunare.
François rimase a guardare mentre entrambi i cani schizzavano fuori dal nido in rovina.
François se holba cum ambii câini țâșneau din cuibul distrus.
Capì subito cosa aveva scatenato quella violenta lotta.
A înțeles imediat ce declanșase lupta aceea sălbatică.
"Aa-ah!" gridò François in sostegno del cane marrone.
„Aa-ah!" a strigat François în semn de susținere a câinelui maro.
"Dategli una bella lezione! Per Dio, punite quel ladro furbo!"
„Dă-i o bătaie! Pedepsește-l pe hoțul ăsta viclean!"
Spitz dimostrò altrettanta prontezza e fervore nel combattere.
Spitz a dat dovadă de o disponibilitate egală și o nerăbdare sălbatică de a lupta.

Gridò di rabbia mentre girava velocemente in tondo, cercando un varco.

A țipat de furie în timp ce se învârtea rapid în jurul lui, căutând o deschidere.

Buck mostrò la stessa fame di combattere e la stessa cautela.

Buck a dat dovadă de aceeași sete de luptă și de aceeași prudență.

Anche lui girò intorno al suo avversario, cercando di avere la meglio nella battaglia.

Și-a înconjurat și el adversarul, încercând să câștige avantajul în luptă.

Poi accadde qualcosa di inaspettato e cambiò tutto.

Apoi s-a întâmplat ceva neașteptat și a schimbat totul.

Quel momento ritardò l'eventuale lotta per la leadership.

Acel moment a amânat lupta finală pentru conducere.

Ci sarebbero ancora molti chilometri di sentiero e di lotta da percorrere prima della fine.

Multe kilometri de potecă și luptă îi așteptau încă până la sfârșit.

Perrault urlò un'imprecazione mentre una mazza colpiva l'osso.

Perrault a înjurat în timp ce o bâtă s-a izbit de os.

Seguì un acuto grido di dolore, poi il caos esplose tutt'intorno.

A urmat un țipăt ascuțit de durere, apoi haosul a explodat în jur.

Forme scure si muovevano nell'accampamento: husky selvatici, affamati e feroci.

Siluete întunecate se mișcau în tabără; câini husky sălbatici, înfometați și feroce.

Quattro o cinque dozzine di husky avevano fiutato l'accampamento da molto lontano.

Patru sau cinci duzini de câini husky adulmecaseră tabăra de departe.

Si erano introdotti furtivamente mentre i due cani litigavano lì vicino.

Se strecuraseră înăuntru în liniște, în timp ce cei doi câini se luptau în apropiere.

François e Perrault si lanciarono all'attacco, colpendo con i manganelli gli invasori.

François și Perrault au atacat, lovind cu bâte asupra invadatorilor.

Gli husky affamati mostrarono i denti e si dibatterono freneticamente.

Câinii husky înfometați și-au arătat colții și au ripostat frenetici.

L'odore della carne e del pane li aveva fatti superare ogni paura.

Mirosul de carne și pâine îi alungase orice teamă.

Perrault picchiò un cane che aveva nascosto la testa nella buca delle vivande.

Perrault a bătut un câine care își îngropase capul în lada cu mâncare.

Il colpo fu violento e la scatola si ribaltò, facendo fuoriuscire il cibo.

Lovitura a lovit puternic, iar cutia s-a răsturnat, mâncarea vărsându-se afară.

Nel giro di pochi secondi, una ventina di bestie feroci si avventarono sul pane e sulla carne.

În câteva secunde, o zece fiare sălbatice au sfâșiat pâinea și carnea.

I bastoni degli uomini sferrarono un colpo dopo l'altro, ma nessun cane si allontanò.

Bâtele bărbaților loveau după lovitură, dar niciun câine nu se întorsese.

Urlavano di dolore, ma continuarono a lottare finché non rimase più cibo.

Au urlat de durere, dar au luptat până când nu a mai rămas nimic de mâncare.

Nel frattempo i cani da slitta erano saltati giù dalle loro culle innevate.

Între timp, câinii de sanie săriseră din paturile lor înzăpezite.

Furono immediatamente attaccati dai feroci e affamati husky.

Au fost atacați instantaneu de husky-ii flămânzi și feroce.

Buck non aveva mai visto prima creature così selvagge e affamate.

Buck nu mai văzuse niciodată creaturi atât de sălbatice și înfometate.

La loro pelle pendeva flaccida, nascondendo a malapena lo scheletro.

Pielea lor atârna moale, abia ascunzându-le scheletele.

C'era un fuoco nei loro occhi, per fame e follia

Era o flacără în ochii lor, de la foame și nebunie

Non c'era modo di fermarli, di resistere al loro assalto selvaggio.

Nu exista nicio modalitate de a-i opri; nicio modalitate de a le rezista năvalei sălbatice.

I cani da slitta vennero spinti indietro e premuti contro la parete della scogliera.

Câinii de sanie au fost împinși înapoi, lipiți de peretele stâncii.

Tre husky attaccarono Buck contemporaneamente, lacerandogli la carne.

Trei câini husky l-au atacat pe Buck deodată, sfâșiindu-i carnea.

Il sangue gli colava dalla testa e dalle spalle, dove era stato tagliato.

Sângele îi curgea șiroaie din cap și din umeri, unde fusese tăiat.

Il rumore riempì l'accampamento: ringhi, guaiti e grida di dolore.

Zgomotul umplea tabăra; mârâite, schelălăite și strigăte de durere.

Billee pianse forte, come al solito, presa dal panico e dalla mischia.

Billee a plâns tare, ca de obicei, prins în încăierare și panică.

Dave e Solleks rimasero fianco a fianco, sanguinanti ma con aria di sfida.

Dave şi Solleks stăteau unul lângă altul, sângerând, dar sfidători.

Joe lottava come un demonio, mordendo tutto ciò che gli si avvicinava.

Joe se lupta ca un demon, muşcând tot ce se apropia.

Con un violento schiocco di mascelle schiacciò la zampa di un husky.

A zdrobit piciorul unui husky cu o singură pocnitură brutală a fălcilor.

Pike saltò sull'husky ferito e gli ruppe il collo all'istante.

Pike a sărit pe husky-ul rănit şi i-a rupt gâtul instantaneu.

Buck afferrò un husky per la gola e gli strappò la vena.

Buck a prins un husky de gât şi i-a sfâşiat vena.

Il sangue schizzò e il sapore caldo mandò Buck in delirio.

Sângele a ţâşnit, iar gustul cald l-a făcut pe Buck să intre în frenezie.

Si lanciò contro un altro aggressore senza esitazione.

S-a aruncat asupra unui alt atacator fără ezitare.

Nello stesso momento, denti aguzzi si conficcarono nella gola di Buck.

În acelaşi moment, nişte dinţi ascuţiţi i se înfipseră în gâtul lui Buck.

Spitz aveva colpito di lato, attaccando senza preavviso.

Spitz lovise din lateral, atacând fără avertisment.

Perrault e François avevano sconfitto i cani rubando il cibo.

Perrault şi François i-au învins pe câinii care furau mâncarea.

Ora si precipitarono ad aiutare i loro cani a respingere gli aggressori.

Acum s-au grăbit să-şi ajute câinii să riposteze împotriva atacatorilor.

I cani affamati si ritirarono mentre gli uomini roteavano i loro manganelli.

Câinii înfometaţi s-au retras în timp ce bărbaţii îşi loveau bâtele.

Buck riuscì a liberarsi dall'attacco, ma la fuga fu breve.

Buck a scăpat din atac, dar evadarea a fost scurtă.

Gli uomini corsero a salvare i loro cani e gli husky tornarono ad attaccarli.

Bărbaţii au alergat să-şi salveze câinii, iar husky-ii au năvălit din nou în roi.

Billee, spaventato e coraggioso, si lanciò nel branco di cani.

Billee, înspăimântat şi curajos, sări în haita de câini.

Ma poi fuggì attraverso il ghiaccio, in preda al terrore e al panico.

Dar apoi a fugit peste gheaţă, cuprins de teroare şi panică.

Pike e Dub li seguirono da vicino, correndo per salvarsi la vita.

Pike şi Dub i-au urmat îndeaproape, fugind să-şi salveze viaţa.

Il resto della squadra si disperse e li inseguì.

Restul echipei s-a împrăştiat, urmându-i.

Buck raccolse le forze per correre, ma poi vide un lampo.

Buck şi-a adunat puterile să alerge, dar apoi a văzut o străfulgerare.

Spitz si lanciò verso Buck, cercando di buttarlo a terra.

Spitz s-a repezit la Buck, încercând să-l trântească la pământ.

Sotto quella banda di husky, Buck non avrebbe avuto scampo.

Sub gloata aceea de câini husky, Buck n-ar fi avut scăpare.

Ma Buck rimase fermo e si preparò al colpo di Spitz.

Dar Buck a rămas neclintit şi s-a pregătit pentru lovitura lui Spitz.

Poi si voltò e corse sul ghiaccio con la squadra in fuga.

Apoi s-a întors şi a fugit pe gheaţă cu echipa care fugea.

Più tardi i nove cani da slitta si radunarono al riparo del bosco.

Mai târziu, cei nouă câini de sanie s-au adunat la adăpostul pădurii.

Nessuno li inseguiva più, ma erano malconci e feriti.

Nimeni nu i-a mai urmărit, dar au fost bătuţi şi răniţi.

Ogni cane presentava delle ferite: quattro o cinque tagli profondi su ogni corpo.

Fiecare câine avea răni; patru sau cinci tăieturi adânci pe fiecare corp.

Dub aveva una zampa posteriore ferita e ora faceva fatica a camminare.

Dub avea un picior din spate rănit și acum se chinuia să meargă.

Dolly, l'ultimo cane arrivato da Dyea, aveva la gola tagliata.

Dolly, cea mai nouă cățelușă din Dyea, avea gâtul tăiat.

Joe aveva perso un occhio e l'orecchio di Billee era stato tagliato a pezzi

Joe își pierduse un ochi, iar urechea lui Billee fusese tăiată în bucăți.

Tutti i cani piansero per il dolore e la sconfitta durante la notte.

Toți câinii au plâns de durere și înfrângere toată noaptea.

All'alba tornarono lentamente all'accampamento, doloranti e distrutti.

În zori s-au strecurat înapoi în tabără, îndurerați și zdrobiți.

Gli husky erano scomparsi, ma il danno era fatto.

Câinii husky dispăruseră, dar paguba fusese făcută.

Perrault e François erano di pessimo umore e osservavano le rovine.

Perrault și François stăteau prost dispuși deasupra ruinelor.

Metà del cibo era sparito, rubato dai ladri affamati.

Jumătate din mâncare dispăruse, furată de hoții flămânzi.

Gli husky avevano strappato le corde e la tela della slitta.

Câinii husky rupseseră legăturile de sanie și prelata.

Tutto ciò che aveva odore di cibo era stato divorato completamente.

Orice lucru care mirosea a mâncare fusese devorat complet.

Mangiarono un paio di stivali da viaggio in pelle di alce di Perrault.

Au mâncat o pereche de cizme de călătorie din piele de elan ale lui Perrault.

Hanno masticato le pelli e rovinato i cinturini rendendoli inutilizzabili.

Au mestecat reis-uri de piele şi au stricat curelele până le-au
fost nefolosite.

**François smise di fissare la frusta strappata per controllare i
cani.**

François s-a oprit din privit biciul rupt ca să se uite la câini.

«Ah, amici miei», disse con voce bassa e preoccupata.

„Ah, prietenii mei", a spus el cu o voce joasă şi plină de
îngrijorare.

"Forse tutti questi morsi vi trasformeranno in bestie pazze."

„Poate că toate muşcăturile astea vă vor transforma în bestii
nebune."

"Forse tutti cani rabbiosi, sacredam! Che ne pensi, Perrault?"

„Poate că toţi sunt câini turbaţi, sancta! Ce crezi, Perrault?"

**Perrault scosse la testa, con gli occhi scuri per la
preoccupazione e la paura.**

Perrault clătină din cap, cu ochii întunecaţi de îngrijorare şi
frică.

C'erano ancora quattrocento miglia tra loro e Dawson.

Patru sute de mile se mai aflau încă între ei şi Dawson.

**La follia dei cani potrebbe ormai distruggere ogni possibilità
di sopravvivenza.**

Nebunia câinilor ar putea distruge acum orice şansă de
supravieţuire.

**Hanno passato due ore a imprecare e a cercare di riparare
l'attrezzatura.**

Au petrecut două ore înjurând şi încercând să repare
echipamentul.

**La squadra ferita alla fine lasciò l'accampamento, distrutta e
sconfitta.**

Echipa rănită a părăsit în cele din urmă tabăra, înfrântă şi
zdrobită.

**Questo è stato il sentiero più duro finora e ogni passo è stato
doloroso.**

Aceasta a fost cea mai grea potecă de până acum, şi fiecare pas
a fost dureros.

**Il fiume Thirty Mile non era ghiacciato e scorreva
impetuoso.**

Râul Thirty Mile nu înghețase și curgea cu putere.

Soltanto nei punti calmi e nei vortici il ghiaccio riusciva a resistere.

Doar în locuri calme și vârtejuri învolburate gheața a reușit să reziste.

Trascorsero sei giorni di duro lavoro per percorrere le trenta miglia.

Au trecut șase zile de muncă grea până când au fost parcurși cei treizeci de mile.

Ogni miglio del sentiero porta con sé pericoli e minacce di morte.

Fiecare milă a potecii aducea pericol și amenințarea morții.

Uomini e cani rischiavano la vita a ogni passo doloroso.

Bărbații și câinii își riscau viața la fiecare pas dureros.

Perrault riuscì a superare i sottili ponti di ghiaccio una dozzina di volte.

Perrault a spart poduri subțiri de gheață de o duzină de ori.

Prese un palo e lo lasciò cadere nel buco creato dal suo corpo.

A cărat o prăjină și a lăsat-o să cadă peste gaura pe care o făcuse corpul său.

Quel palo salvò Perrault più di una volta dall'annegamento.

De mai multe ori, acel stâlp l-a salvat pe Perrault de la înec.

L'ondata di freddo persisteva, la temperatura era di cinquanta gradi sotto zero.

Valul de frig s-a ținut, aerul era sub cincizeci de grade.

Ogni volta che cadeva, Perrault era costretto ad accendere un fuoco per sopravvivere.

De fiecare dată când cădea, Perrault trebuia să aprindă un foc pentru a supraviețui.

Gli abiti bagnati si congelavano rapidamente, perciò li faceva asciugare vicino al calore cocente.

Hainele ude înghețau repede, așa că le-a uscat aproape de o căldură arzătoare.

Perrault non provava mai paura, e questo faceva di lui un corriere.

Nicio teamă nu l-a cuprins vreodată pe Perrault, iar asta l-a făcut curier.

Fu scelto per affrontare il pericolo e lo affrontò con silenziosa determinazione.

A fost ales pentru pericol și l-a înfruntat cu o hotărâre liniștită.

Si spinse in avanti controvento, con il viso raggrinzito e congelato.

A înaintat în vânt, cu fața zbârcită și degerată.

Perrault li guidò in avanti dall'alba al tramonto.

De la zorii palidi până la căderea nopții, Perrault i-a condus mai departe.

Camminava sul ghiaccio sottile che scricchiolava a ogni passo.

A mers pe gheața îngustă care crăpa la fiecare pas.

Non osavano fermarsi: ogni pausa rischiava di provocare un crollo mortale.

Nu îndrăzneau să se oprească – fiecare pauză risca o prăbușire fatală.

Una volta la slitta si ruppe, trascinando dentro Dave e Buck.

Odată, sania a spart calea, trăgându-i pe Dave și Buck înăuntru.

Quando furono liberati, entrambi erano quasi congelati.

Până când au fost târâți să se elibereze, amândoi erau aproape înghețați.

Gli uomini accesero rapidamente un fuoco per salvare Buck e Dave.

Bărbații au făcut repede un foc pentru a-i ține în viață pe Buck și Dave.

I cani erano ricoperti di ghiaccio dal naso alla coda, rigidi come legno intagliato.

Câinii erau acoperiți de gheață din nas până la coadă, țepeni ca lemnul sculptat.

Gli uomini li fecero correre in cerchio vicino al fuoco per scongelarne i corpi.

Bărbații le-au alergat în cerc lângă foc pentru a le dezgheța corpurile.

Si avvicinarono così tanto alle fiamme che la loro pelliccia rimase bruciacchiata.

S-au apropiat atât de mult de flăcări încât blana li s-a pârlit.

Spitz ruppe poi il ghiaccio, trascinando dietro di sé la squadra.

Spitz a spart gheața apoi, trăgând echipa în urma lui.

La frenata arrivava fino al punto in cui Buck stava tirando.

Rupa a ajuns până la locul unde trăgea Buck.

Buck si appoggiò bruscamente allo schienale, con le zampe che scivolavano e tremavano sul bordo.

Buck se lăsă puternic pe spate, labele alunecându-i și tremurând pe margine.

Anche Dave si sforzò all'indietro, proprio dietro Buck sulla linea.

Și Dave s-a întins înapoi, chiar în spatele lui Buck, pe linie.

François tirava la slitta e i suoi muscoli scricchiolavano per lo sforzo.

François a tras de sanie, mușchii îi trosnind de la efort.

Un'altra volta, il ghiaccio del bordo si è crepato davanti e dietro la slitta.

Altă dată, gheața de pe margine s-a crăpat în fața și în spatele saniei.

Non avevano altra via d'uscita se non quella di arrampicarsi su una parete ghiacciata.

Nu aveau nicio ieșire decât să escaladeze un perete de stâncă înghețat.

In qualche modo Perrault riuscì a scalare il muro: un miracolo lo tenne in vita.

Perrault a reușit cumva să escaladeze zidul; un miracol l-a ținut în viață.

François rimase sottocoperta, pregando che gli capitasse la stessa fortuna.

François a rămas jos, rugându-se pentru același noroc.

Legarono ogni cinghia, legatura e tirante in un'unica lunga corda.

Au legat fiecare curea, legături și fire într-o singură frânghie lungă.

Gli uomini trascinarono i cani uno alla volta fino in cima.
Bărbații au târât fiecare câine, unul câte unul, până în vârf.

François salì per ultimo, dopo la slitta e tutto il carico.
François a urcat ultimul, după sanie și întreaga încărcătură.

Poi iniziò una lunga ricerca di un sentiero che scendesse dalle scogliere.
Apoi a început o lungă căutare a unei poteci care să coboare de pe stânci.

Alla fine scesero utilizzando la stessa corda che avevano costruito.
În cele din urmă au coborât folosind aceeași frânghie pe care o făcuseră.

Scese la notte mentre tornavano al letto del fiume, esausti e doloranti.
S-a lăsat noaptea când s-au întors la albia râului, epuizați și îndoliați.

Avevano impiegato un giorno intero per percorrcre solo un quarto di miglio.
Le-a luat o zi întreagă să parcurgă doar un sfert de milă.

Quando giunsero all'Hootalinqua, Buck era sfinito.
Când au ajuns la Hootalinqua, Buck era deja epuizat.

Anche gli altri cani soffrivano le stesse condizioni del sentiero.
Ceilalți câini au avut la fel de mult de suferit din cauza condițiilor de pe potecă.

Ma Perrault aveva bisogno di recuperare tempo e li spingeva avanti giorno dopo giorno.
Dar Perrault avea nevoie să recupereze timp și i-a forțat în fiecare zi.

Il primo giorno percorsero trenta miglia fino a Big Salmon.
În prima zi au călătorit treizeci de mile până la Big Salmon.

Il giorno dopo percorsero trentacinque miglia fino a Little Salmon.
A doua zi au călătorit treizeci și cinci de mile până la Little Salmon.

Il terzo giorno percorsero quaranta miglia ghiacciate.
În a treia zi, au străbătut patruzeci de mile lungi și înghețate.

A quel punto si stavano avvicinando all'insediamento di Five Fingers.

Până atunci, se apropiau de așezarea Five Fingers.

I piedi di Buck erano più morbidi di quelli duri degli husky autoctoni.

Picioarele lui Buck erau mai moi decât picioarele tari ale husky-urilor nativi.

Le sue zampe erano diventate tenere nel corso di molte generazioni civilizzate.

Labele lui deveniseră fragede de-a lungul multor generații civilizate.

Molto tempo fa, i suoi antenati erano stati addomesticati dagli uomini del fiume o dai cacciatori.

Cu mult timp în urmă, strămoșii săi fuseseră îmblânziți de oamenii râului sau de vânători.

Ogni giorno Buck zoppicava per il dolore, camminando con le zampe screpolate e doloranti.

În fiecare zi, Buck șchiopăta de durere, mergând pe labele dureroase și rănite.

Giunto all'accampamento, Buck cadde come un corpo senza vita sulla neve.

În tabără, Buck a căzut ca o formă fără viață pe zăpadă.

Sebbene fosse affamato, Buck non si alzò per consumare il pasto serale.

Deși era înfometat, Buck nu s-a trezit să mănânce cina.

François portò la sua razione a Buck, mettendogli del pesce vicino al muso.

François i-a adus lui Buck rația, punând peștele lângă bot.

Ogni notte l'autista massaggiava i piedi di Buck per mezz'ora.

În fiecare seară, șoferul îi masa picioarele lui Buck timp de o jumătate de oră.

François arrivò persino a tagliare i suoi mocassini per farne delle calzature per cani.

François chiar și-a tăiat propriii mocasini pentru a face încălțăminte pentru câini.

Quattro scarpe calde diedero a Buck un grande e gradito sollievo.

Patru pantofi călduroşi i-au dat lui Buck o mare şi binevenită uşurare.

Una mattina François dimenticò le scarpe e Buck si rifiutò di alzarsi.

Într-o dimineaţă, François a uitat pantofii, iar Buck a refuzat să se trezească.

Buck giaceva sulla schiena, con i piedi in aria, e li agitava in modo pietoso.

Buck zăcea pe spate, cu picioarele în aer, fluturându-le jalnic.

Persino Perrault sorrise alla vista dell'appello drammatico di Buck.

Chiar şi Perrault a rânjit la vederea pledoariei dramatice a lui Buck.

Ben presto i piedi di Buck diventarono duri e le scarpe poterono essere tolte.

Curând, picioarele lui Buck s-au întărit, iar pantofii au putut fi aruncaţi.

A Pelly, durante il periodo in cui veniva imbrigliata, Dolly emise un ululato terribile.

La Pelly, în timpul orei de ham, Dolly a scos un urlet îngrozitor.

Il grido era lungo e pieno di follia, e fece tremare tutti i cani.

Strigătul a fost lung şi plin de nebunie, zguduind toţi câinii.

Ogni cane si rizzava per la paura, senza capirne il motivo.

Fiecare câine tresări de frică, fără să ştie motivul.

Dolly era impazzita e si era scagliata contro Buck.

Dolly înnebunise şi se aruncase direct asupra lui Buck.

Buck non aveva mai visto la follia, ma l'orrore gli riempì il cuore.

Buck nu mai văzuse niciodată nebunia, dar groaza îi umplea inima.

Senza pensarci due volte, si voltò e fuggì in preda al panico più assoluto.

Fără să stea pe gânduri, s-a întors şi a fugit cuprins de panică.

Dolly lo inseguì, con gli occhi selvaggi e la saliva che le colava dalle fauci.

Dolly l-a urmărit, cu ochii sălbatici şi saliva şiroindu-i de pe fălci.

Si tenne sempre dietro a Buck, senza mai guadagnare terreno e senza mai indietreggiare.

Ea a ţinut imediat în spatele lui Buck, fără să câştige niciodată teren şi fără să se retragă.

Buck corse attraverso i boschi, giù per l'isola, sul ghiaccio frastagliato.

Buck a alergat prin pădure, pe insulă, peste gheaţa zimţată.

Attraversò un'isola, poi un'altra, per poi tornare indietro verso il fiume.

A traversat spre o insulă, apoi spre alta, înconjurând înapoi spre râu.

Dolly continuava a inseguirlo, ringhiando sempre più forte a ogni passo.

Dolly tot îl urmărea, mârâind îndeaproape la fiecare pas.

Buck poteva sentire il suo respiro e la sua rabbia, anche se non osava voltarsi indietro.

Buck îi putea auzi respiraţia şi furia, deşi nu îndrăznea să se uite înapoi.

François gridò da lontano e Buck si voltò verso la voce.

François a strigat de departe, iar Buck s-a întors spre voce.

Ancora senza fiato, Buck corse oltre, riponendo ogni speranza in François.

Încă gâfâind după aer, Buck a trecut în fugă, punându-şi toată speranţa în François.

Il conducente del cane sollevò un'ascia e aspettò che Buck gli passasse accanto.

Conducătorul de câine a ridicat un topor şi a aşteptat în timp ce Buck trecea în viteză pe lângă el.

L'ascia calò rapidamente e colpì la testa di Dolly con forza mortale.

Toporul a căzut repede şi a lovit-o pe Dolly în cap cu o forţă mortală.

Buck crollò vicino alla slitta, ansimando e incapace di muoversi.

Buck s-a prăbuşit lângă sanie, gâfâind şi incapabil să se mişte.

Quel momento diede a Spitz la possibilità di colpire un nemico esausto.

Acel moment i-a oferit lui Spitz şansa de a lovi un duşman epuizat.

Morse Buck due volte, strappandogli la carne fino all'osso bianco.

De două ori l-a muşcat pe Buck, sfâşiind carnea până la osul alb.

La frusta di François schioccò, colpendo Spitz con tutta la sua forza, con furia.

Biciul lui François trosni, lovindu-l pe Spitz cu o forţă deplină şi furioasă.

Buck guardò con gioia Spitz mentre riceveva il pestaggio più duro fino a quel momento.

Buck a privit cu bucurie cum Spitz a primit cea mai aspră bătaie de până acum.

«È un diavolo, quello Spitz», borbottò Perrault tra sé e sé.

„E un diavol, Spitzul ăsta," mormăi Perrault sumbru.

"Un giorno o l'altro, quel cane maledetto ucciderà Buck, lo giuro."

„Într-o zi, în curând, câinele ăla blestemat îl va ucide pe Buck – jur."

«Quel Buck ha due diavoli dentro di sé», rispose François annuendo.

„Buck ăsta are doi diavoli în el", răspunse François dând din cap.

"Quando osservo Buck, so che dentro di lui si cela qualcosa di feroce."

„Când îl privesc pe Buck, ştiu că ceva feroce se ascunde în el."

"Un giorno, si infurierà come il fuoco e farà a pezzi Spitz."

„Într-o zi, se va înfuria ca focul şi îl va sfâşia pe Spitz."

"Masticherà quel cane e lo sputerà sulla neve ghiacciata."

„O să roadă câinele ăla şi o să-l scuipe pe zăpada îngheţată."

"Certo, lo so fin nel profondo."

„Sigur că știu asta în adâncul oaselor mele."

Da quel momento in poi, i due cani furono in guerra tra loro.

Din acel moment, cei doi câini au fost prinși într-un război.

Spitz guidava la squadra e deteneva il potere, ma Buck lo sfidava.

Spitz conducea echipa și deținea puterea, dar Buck a contestat acest lucru.

Spitz si rese conto che il suo rango era minacciato da questo strano straniero del Sud.

Spitz își vedea rangul amenințat de acest ciudat străin din Southland.

Buck era diverso da tutti i cani del sud che Spitz aveva conosciuto fino ad allora.

Buck era diferit de orice câine din sud pe care Spitz îl cunoscuse până atunci.

La maggior parte di loro fallì: troppo deboli per sopravvivere al freddo e alla fame.

Majoritatea au eșuat — prea slabi ca să supraviețuiască frigului și foamei.

Morirono rapidamente a causa del lavoro, del gelo e del lento bruciare della carestia.

Au murit repede din cauza muncii, a gerului și a arsurilor lente ale foametei.

Buck si distingueva: ogni giorno più forte, più intelligente e più selvaggio.

Buck s-a detașat - mai puternic, mai deștept și mai sălbatic în fiecare zi.

Ha prosperato nonostante le difficoltà, crescendo al pari degli husky del nord.

A prosperat în greutăți, devenind egal cu husky-ii nordici.

Buck era dotato di forza, abilità straordinaria e un istinto paziente e letale.

Buck avea forță, îndemânare sălbatică și un instinct răbdător și mortal.

L'uomo con la mazza aveva annientato Buck per fargli perdere la temerarietà.

Bărbatul cu bâta îl făcuse pe Buck să se strice.

La furia cieca se n'era andata, sostituita da un'astuzia silenziosa e dal controllo.

Furia oarbă dispăruse, înlocuită de viclenie tăcută şi control.

Attese, calmo e primordiale, in attesa del momento giusto.

A aşteptat, calm şi primordial, aşteptând momentul potrivit.

La loro lotta per il comando divenne inevitabile e chiara.

Lupta lor pentru comandă a devenit inevitabilă şi clară.

Buck desiderava la leadership perché il suo spirito la richiedeva.

Buck îşi dorea conducerea pentru că spiritul său o cerea.

Era spinto da quello strano orgoglio che nasceva dal sentiero e dall'imbracatura.

Era mânat de strania mândrie născută din potecă şi ham.

Quell'orgoglio faceva sì che i cani tirassero fino a crollare sulla neve.

Mândria aceea i-a făcut pe câini să tragă până s-au prăbuşit în zăpadă.

L'orgoglio li spinse a dare tutta la forza che avevano.

Mândria i-a ademenit să dea toată puterea pe care o aveau.

L'orgoglio può trascinare un cane da slitta fino al punto di ucciderlo.

Mândria poate ademeni un câine de sanie chiar până la moarte.

Perdere l'imbracatura rendeva i cani deboli e senza scopo.

Pierderea hamului i-a lăsat pe câini frânţi şi fără scop.

Il cuore di un cane da slitta può essere spezzato dalla vergogna quando va in pensione.

Inima unui câine de sanie poate fi zdrobită de ruşine când se retrage.

Dave viveva con questo orgoglio mentre trascinava la slitta da dietro.

Dave trăia după acea mândrie în timp ce trăgea sania din spate.

Anche Solleks diede il massimo con cupa forza e lealtà.

Şi Solleks a dat totul cu o forţă sumbră şi o loialitate sumbre.

Ogni mattina l'orgoglio li trasformava da amareggiati a determinati.

În fiecare dimineață, mândria îi transforma din amărăciune în hotărâre.

Spinsero per tutto il giorno, poi tacquero una volta giunti alla fine dell'accampamento.

Au împins toată ziua, apoi au tăcut la capătul taberei.

Quell'orgoglio diede a Spitz la forza di mettere in riga i fannulloni.

Această mândrie i-a dat lui Spitz puterea să-i învingă pe escroci și să-i pună la punct.

Spitz temeva Buck perché Buck nutriva lo stesso profondo orgoglio.

Spitz se temea de Buck pentru că Buck purta aceeași mândrie profundă.

L'orgoglio di Buck ora si agitò contro Spitz, ma lui non si fermò.

Mândria lui Buck s-a înfuriat acum împotriva lui Spitz și nu s-a mai oprit.

Buck sfidò il potere di Spitz e gli impedì di punire i cani.

Buck a sfidat puterea lui Spitz și l-a împiedicat să pedepsească câinii.

Quando gli altri fallivano, Buck si frapponeva tra loro e il loro capo.

Când alții au eșuat, Buck s-a interpus între ei și liderul lor.

Lo fece con intenzione, rendendo la sua sfida aperta e chiara.

A făcut asta cu intenție, făcându-și provocarea deschisă și clară.

Una notte una forte nevicata coprì il mondo in un profondo silenzio.

Într-o noapte, o ninsoare abundentă a acoperit lumea într-o liniște adâncă.

La mattina dopo, Pike, pigro come sempre, non si alzò per andare al lavoro.

A doua zi dimineață, Pike, leneșă ca întotdeauna, nu s-a trezit ca să lucreze.

Rimase nascosto nel suo nido sotto uno spesso strato di neve.

A rămas ascuns în cuibul său sub un strat gros de zăpadă.

François gridò e cercò, ma non riuscì a trovare il cane.

François a strigat și a căutat, dar nu a putut găsi câinele.

Spitz si infuriò e si scagliò contro l'accampamento coperto di neve.

Spitz s-a înfuriat și a năvălit prin tabăra acoperită de zăpadă.

Ringhiò e annusò, scavando freneticamente con gli occhi fiammeggianti.

A mârâit și a adulmecat, săpând nebunește cu ochi arzători.

La sua rabbia era così violenta che Pike tremava sotto la neve per la paura.

Furia lui era atât de aprigă încât Pike tremura sub zăpadă de frică.

Quando finalmente Pike fu trovato, Spitz si lanciò per punire il cane nascosto.

Când Pike a fost în sfârșit găsit, Spitz s-a repezit să-l pedepsească pe câinele care se ascundea.

Ma Buck si scagliò tra loro con una furia pari a quella di Spitz.

Dar Buck sări între ei cu o furie egală cu a lui Spitz.

L'attacco fu così improvviso e astuto che Spitz cadde a terra.

Atacul a fost atât de brusc și ingenios încât Spitz a căzut din picioare.

Pike, che tremava, trasse coraggio da questa sfida.

Pike, care tremura, prinse curaj din cauza acestei sfidări.

Seguendo l'audace esempio di Buck, saltò sullo Spitz caduto.

A sărit pe Spitzul căzut, urmând exemplul îndrăzneț al lui Buck.

Buck, non più vincolato dall'equità, si unì allo sciopero di Spitz.

Buck, nemaifiind obligat de corectitudine, s-a alăturat grevei de pe Spitz.

François, divertito ma fermo nella disciplina, agitò la sua pesante frusta.

François, amuzat, dar ferm în disciplina sa, își lovi biciul greu.

Colpì Buck con tutta la sua forza per interrompere la rissa.

L-a lovit pe Buck cu toată puterea ca să oprească lupta.

Buck si rifiutò di muoversi e rimase in groppa al capo caduto.

Buck a refuzat să se miște și a rămas deasupra liderului căzut.

François allora usò il manico della frusta e colpì Buck con violenza.

François a folosit apoi mânerul biciului, lovindu-l puternic pe Buck.

Barcollando per il colpo, Buck cadde all'indietro sotto l'assalto.

Clătinându-se din cauza loviturii, Buck a căzut înapoi sub asalt.

François colpì più volte mentre Spitz puniva Pike.

François lovea iar și iar, în timp ce Spitz îl pedepsea pe Pike.

Passarono i giorni e Dawson City si avvicinava sempre di più.

Zilele treceau, iar Dawson City se apropia din ce în ce mai mult.

Buck continuava a intromettersi, infilandosi tra Spitz e gli altri cani.

Buck se tot amesteca, strecurându-se între Spitz și alți câini.

Sceglieva bene i suoi momenti, aspettando sempre che François se ne andasse.

Își alegea bine momentele, așteptând mereu ca François să plece.

La ribellione silenziosa di Buck si diffuse e il disordine prese piede nella squadra.

Revolta tăcută a lui Buck s-a răspândit, iar dezordinea a prins rădăcini în echipă.

Dave e Solleks rimasero leali, ma altri diventarono indisciplinati.

Dave și Solleks au rămas loiali, dar alții au devenit indisciplinați.

La squadra peggiorò: divenne irrequieta, litigiosa e fuori luogo.

Echipa a devenit din ce în ce mai neliniștită - neliniștită, certăreață și dezechilibrată.

Ormai niente filava liscio e le liti diventavano all'ordine del giorno.

Nimic nu a mai funcționat bine, iar luptele au devenit frecvente.

Buck rimase sempre al centro dei guai, provocando disordini.

Buck a rămas în centrul necazurilor, provocând mereu tulburări.

François rimase vigile, temendo la lotta tra Buck e Spitz.

François a rămas alert, temându-se de lupta dintre Buck și Spitz.

Ogni notte veniva svegliato da zuffe e temeva che finalmente fosse arrivato l'inizio.

În fiecare noapte, încăierările îl trezeau, temându-se că, în sfârșit, începea.

Balzò fuori dalla veste, pronto a interrompere la rissa.

A sărit din roba sa, gata să oprească lupta.

Ma il momento non arrivò mai e alla fine raggiunsero Dawson.

Dar momentul nu a venit niciodată și au ajuns în sfârșit la Dawson.

La squadra entrò in città in un pomeriggio cupo, teso e silenzioso.

Echipa a intrat în oraș într-o după-amiază mohorâtă, tensionată și liniștită.

La grande battaglia per la leadership era ancora sospesa nell'aria gelida.

Marea bătălie pentru conducere încă plutea în aerul înghețat.

Dawson era piena di uomini e cani da slitta, tutti impegnati nel lavoro.

Dawson era plin de bărbați și câini de sanie, toți ocupați cu munca.

Buck osservava i cani trainare i carichi dalla mattina alla sera.

Buck a privit câinii cum trăgeau poverile de dimineața până seara.

Trasportavano tronchi e legna da ardere e spedivano rifornimenti alle miniere.

Cărau bușteni și lemne de foc, transportau provizii la mine.

Nel Southland, dove un tempo lavoravano i cavalli, ora lavoravano i cani.

Acolo unde odinioară lucrau caii în Southland, acum munceau câinii.

Buck vide alcuni cani provenienti dal Sud, ma la maggior parte erano husky simili a lupi.

Buck a văzut niște câini din Sud, dar majoritatea erau husky-uri care semănau cu lupii.

Di notte, puntuali come un orologio, i cani alzavano la voce e cantavano.

Noaptea, ca un ceasornic, câinii își ridicau vocile în cântec.

Alle nove, a mezzanotte e di nuovo alle tre, il canto cominciò.

La nouă, la miezul nopții și din nou la trei, au început cântecele.

Buck amava unirsi al loro canto inquietante, selvaggio e antico nel suono.

Lui Buck îi plăcea să se alăture cântecului lor straniu, al cărui sunet era sălbatic și străvechi.

L'aurora fiammeggiava, le stelle danzavano e la neve ricopriva la terra.

Aurora strălucea, stelele dansau, iar zăpada acoperea pământul.

Il canto dei cani si elevava come un grido contro il silenzio e il freddo pungente.

Cântecul câinilor se înălța ca un strigăt împotriva tăcerii și a frigului aspru.

Ma il loro urlo esprimeva tristezza, non sfida, in ogni lunga nota.

Dar urletul lor conținea tristețe, nu sfidare, în fiecare notă lungă.

Ogni lamento era pieno di supplica: il peso stesso della vita.

Fiecare strigăt de vaier era plin de implorări; povara vieții însăși.

Quella canzone era vecchia, più vecchia delle città e più vecchia degli incendi

Cântecul acela era vechi - mai vechi decât oraşele şi mai vechi decât incendiile

Quel canto era più antico perfino delle voci degli uomini.

Cântecul acela era mai vechi chiar decât vocile oamenilor.

Era una canzone del mondo dei giovani, quando tutte le canzoni erano tristi.

A fost un cântec din lumea tânără, când toate cântecele erau triste.

La canzone porta con sé il dolore di innumerevoli generazioni di cani.

Cântecul purta durerea nenumărate generaţii de câini.

Buck percepì profondamente la melodia, gemendo per un dolore radicato nei secoli.

Buck a simţit melodia adânc, gemând din cauza unei dureri înrădăcinate în secole.

Singhiozzava per un dolore antico quanto il sangue selvaggio nelle sue vene.

A plâns din suspine din cauza unei dureri la fel de veche ca sângele sălbatic din venele sale.

Il freddo, l'oscurità e il mistero toccarono l'anima di Buck.

Frigul, întunericul şi misterul au atins sufletul lui Buck.

Quella canzone dimostrava quanto Buck fosse tornato alle sue origini.

Cântecul acela a dovedit cât de mult se întorsese Buck la originile sale.

Tra la neve e gli ululati aveva trovato l'inizio della sua vita.

Prin zăpadă şi urlete, îşi găsise începutul propriei vieţi.

Sette giorni dopo l'arrivo a Dawson, ripartirono.

La şapte zile după sosirea în Dawson, au pornit din nou la drum.

La squadra si è lanciata dalla caserma fino allo Yukon Trail.

Echipa a coborât de la cazarmă pe traseul Yukon.

Iniziarono il viaggio di ritorno verso Dyea e Salt Water.

Au început călătoria înapoi spre Dyea şi Salt Water.

Perrault trasmise dispacci ancora più urgenti di prima.

Perrault a transportat corespondențe și mai urgente decât înainte.

Era anche preso dall'orgoglio per la corsa e puntava a stabilire un record.

De asemenea, a fost cuprins de mândria patinajului și și-a propus să stabilească un record.

Questa volta Perrault aveva diversi vantaggi.

De data aceasta, mai multe avantaje erau de partea lui Perrault.

I cani avevano riposato per un'intera settimana e avevano ripreso le forze.

Câinii se odihniseră o săptămână întreagă și își recăpătaseră puterile.

La pista che avevano tracciato era ora battuta da altri.

Drumul pe care îl croiseră era acum brăzdat de alții.

In alcuni punti la polizia aveva immagazzinato cibo sia per i cani che per gli uomini.

În unele locuri, poliția depozitase mâncare atât pentru câini, cât și pentru bărbați.

Perrault viaggiava leggero, si muoveva velocemente e aveva poco a cui aggrapparsi.

Perrault a călătorit ușor, mișcându-se repede, cu puține lucruri care să-l împovăreze.

La prima sera raggiunsero la Sixty-Mile, una corsa lunga 50 miglia.

Au ajuns la Sixty-Mile, o alergare de cincizeci de mile, în prima noapte.

Il secondo giorno risalirono rapidamente lo Yukon in direzione di Pelly.

În a doua zi, au pornit în grabă pe Yukon spre Pelly.

Ma questi grandi progressi comportarono anche molta fatica per François.

Însă un astfel de progres excelent a venit cu mult efort pentru François.

La ribellione silenziosa di Buck aveva infranto la disciplina della squadra.

Rebeliunea tăcută a lui Buck spulberase disciplina echipei.

Non si univano più come un'unica bestia al comando.

Nu se mai țineau laolaltă ca o singură fiară în frâie.

Buck aveva spinto altri alla sfida con il suo coraggioso esempio.

Buck îi determinase pe alții să se răzgândească prin exemplul său îndrăzneț.

L'ordine di Spitz non veniva più accolto con timore o rispetto.

Ordinul lui Spitz nu mai era întâmpinat cu frică sau respect.

Gli altri persero ogni timore reverenziale nei suoi confronti e osarono opporsi al suo governo.

Ceilalți și-au pierdut venerația față de el și au îndrăznit să se opună domniei sale.

Una notte, Pike rubò mezzo pesce e lo mangiò sotto gli occhi di Buck.

Într-o noapte, Pike a furat jumătate de pește și l-a mâncat sub ochiul lui Buck.

Un'altra notte, Dub e Joe combatterono contro Spitz e rimasero impuniti.

Într-o altă noapte, Dub și Joe s-au luptat cu Spitz și au rămas nepedepsiți.

Anche Billee gemette meno dolcemente e mostrò una nuova acutezza.

Chiar și Billee se văicărea mai puțin dulce și dădea dovadă de o nouă ascuțime.

Buck ringhiava a Spitz ogni volta che si incrociavano.

Buck mârâia la Spitz de fiecare dată când se intersectau.

L'atteggiamento di Buck divenne audace e minaccioso, quasi come quello di un bullo.

Atitudinea lui Buck deveni îndrăzneață și amenințătoare, aproape ca a unui bătăuș.

Camminava avanti e indietro davanti a Spitz con un'andatura spavalda e piena di minaccia beffarda.

Pășea prin fața lui Spitz cu o aroganță arogantă, plină de o amenințare batjocoritoare.

Questo crollo dell'ordine si diffuse anche tra i cani da slitta.

Acea prăbușire a ordinii s-a răspândit și printre câinii de sanie.

Litigarono e discussero più che mai, riempiendo l'accampamento di rumore.

S-au luptat și s-au certat mai mult ca niciodată, umplând tabăra cu gălăgie.

Ogni notte la vita nel campeggio si trasformava in un caos selvaggio e ululante.

Viața în tabără se transforma în fiecare noapte într-un haos sălbatic, urlător.

Solo Dave e Solleks rimasero fermi e concentrati.

Doar Dave și Solleks au rămas calmi și concentrați.

Ma anche loro diventarono irascibili a causa delle continue risse.

Dar chiar și ei au devenit irascibili din cauza certurilor constante.

François imprecò in lingue strane e batté i piedi per la frustrazione.

François a înjurat în limbi ciudate și a călcat în picioare de frustrare.

Si strappò i capelli e urlò mentre la neve gli volava sotto i piedi.

Și-a smuls părul și a țipat în timp ce zăpada cădea sub picioare.

La sua frusta schioccò contro il gruppo, ma a malapena riuscì a tenerli in riga.

Biciul său a lovit haita cu putere, dar abia i-a ținut în linie.

Ogni volta che voltava le spalle, la lotta ricominciava.

Ori de câte ori îi întorcea spatele, luptele izbucneau din nou.

François usò la frusta per Spitz, mentre Buck guidava i ribelli.

François a folosit biciul pentru Spitz, în timp ce Buck i-a condus pe rebeli.

Ognuno conosceva il ruolo dell'altro, ma Buck evitava di addossare ogni colpa.

Fiecare știa rolul celuilalt, dar Buck evita orice învinovățire.

François non ha mai colto Buck mentre iniziava una rissa o si sottraeva al suo lavoro.

François nu l-a prins niciodată pe Buck inițiind o ceartă sau eschivându-se de la serviciu.

Buck lavorava duramente ai finimenti: la fatica ora gli dava entusiasmo.

Buck muncea din greu, purtat de hamuri — truda îi încânta acum spiritul.

Ma trovava ancora più gioia nel fomentare risse e caos nell'accampamento.

Dar găsea și mai multă bucurie în a stârni lupte și haos în tabără.

Una sera, alla foce del Tahkeena, Dub spaventò un coniglio.

Într-o seară, la gura Tahkeenei, Dub a speriat un iepure.

Mancò la presa e il coniglio con la racchetta da neve balzò via.

A ratat captura, iar iepurele cu rachete de zăpadă a sărit departe.

Nel giro di pochi secondi, l'intera squadra di slitte si lanciò all'inseguimento, gridando a squarciagola.

În câteva secunde, întregul echipaj de sanie i-a urmărit cu țipete sălbatice.

Nelle vicinanze, un accampamento della polizia del nord-ovest ospitava cinquanta cani husky.

În apropiere, o tabără a Poliției de Nord-Vest adăpostea cincizeci de câini husky.

Si unirono alla caccia, scendendo insieme il fiume ghiacciato.

S-au alăturat vânătorii, coborând împreună râul înghețat.

Il coniglio lasciò il fiume e fuggì lungo il letto ghiacciato di un ruscello.

Iepurele a ocolit râul, fugind în susul unui pârâu înghețat.

Il coniglio saltellava leggero sulla neve mentre i cani si facevano strada a fatica.

Iepurele sărea ușor prin zăpadă, în timp ce câinii se chinuiau să treacă prin ea.

Buck guidava l'enorme branco di sessanta cani attorno a ogni curva tortuosa.

Buck conducea haita masivă de şaizeci de câini în jurul fiecărei curbe şerpuitoare.

Si spinse in avanti, basso e impaziente, ma non riuscì a guadagnare terreno.

A înaintat, jos şi nerăbdător, dar nu a putut câştiga teren.

Il suo corpo brillava sotto la pallida luna a ogni potente balzo.

Corpul său sclipea sub lumina palidă a lunii la fiecare salt puternic.

Davanti a loro, il coniglio si muoveva come un fantasma, silenzioso e troppo veloce per essere catturato.

În faţă, iepurele se mişca ca o fantomă, tăcut şi prea repede pentru a fi prins.

Tutti quei vecchi istinti, la fame, l'eccitazione, attraversarono Buck.

Toate acele vechi instincte – foamea, fiorul – l-au străbătut pe Buck.

A volte gli esseri umani avvertono questo istinto e sono spinti a cacciare con armi da fuoco e proiettili.

Oamenii simt acest instinct uneori, fiind împinşi să vâneze cu puşca şi gloanţele.

Ma Buck provava questa sensazione a un livello più profondo e personale.

Dar Buck a simţit acest sentiment la un nivel mai profund şi mai personal.

Non riuscivano a percepire la natura selvaggia nel loro sangue come Buck.

Nu puteau simţi sălbăticia din sângele lor aşa cum o simţea Buck.

Inseguiva la carne viva, pronto a uccidere con i denti e ad assaggiare il sangue.

A urmărit carne vie, gata să ucidă cu dinţii şi să guste sânge.

Il suo corpo si tendeva per la gioia, desiderando immergersi nel caldo rosso della vita.

Corpul său se încorda de bucurie, dorind să se scalde în viaţa caldă şi roşie.

Una strana gioia segna il punto più alto che la vita possa mai raggiungere.

O bucurie stranie marchează cel mai înalt punct pe care viața îl poate atinge vreodată.

La sensazione di raggiungere un picco in cui i vivi dimenticano di essere vivi.

Sentimentul unui vârf unde cei vii uită că sunt în viață.

Questa gioia profonda tocca l'artista immerso in un'ispirazione ardente.

Această bucurie profundă îl atinge pe artistul pierdut în inspirația aprinsă.

Questa gioia afferra il soldato che combatte selvaggiamente e non risparmia alcun nemico.

Această bucurie îl cuprinde pe soldatul care luptă cu sălbăticie și nu cruță niciun dușman.

Questa gioia ora colpì Buck mentre guidava il branco in preda alla fame primordiale.

Această bucurie îl cuprinse acum pe Buck, în timp ce conducea haita cu o foame primordială.

Ululò con l'antico grido del lupo, emozionato per l'inseguimento.

A urlat cu străvechiul strigăt de lup, încântat de goana vie.

Buck fece appello alla parte più antica di sé, persa nella natura selvaggia.

Buck a atins cea mai veche parte a ființei sale, pierdută în sălbăticie.

Scavò in profondità dentro di sé, oltre la memoria, fino al tempo grezzo e antico.

A sărit adânc în suflet, dincolo de amintiri, în timpul brut, străvechi.

Un'ondata di vita pura pervase ogni muscolo e tendine.

Un val de viață pură a năvălit prin fiecare mușchi și tendon.

Ogni salto gridava che viveva, che attraversava la morte.

Fiecare salt striga că trăiește, că trece prin moarte.

Il suo corpo si librava gioioso su una terra immobile e fredda che non si muoveva mai.

Corpul său se înălța bucuros peste un ținut nemișcat și rece, care nu se mișca niciodată.

Spitz rimase freddo e astuto anche nei suoi momenti più selvaggi.

Spitz a rămas rece și viclean, chiar și în cele mai nebunești momente ale sale.

Lasciò il sentiero e attraversò un terreno dove il torrente formava una curva ampia.

A părăsit poteca și a traversat un ținut unde pârâul se curba larg.

Buck, ignaro di ciò, rimase sul sentiero tortuoso del coniglio.

Buck, fără să știe de asta, a rămas pe cărarea șerpuitoare a iepurelui.

Poi, mentre Buck svoltava dietro una curva, il coniglio spettrale si trovò davanti a lui.

Apoi, când Buck a luat o curbă, iepurele cu aspect de fantomă a apărut în fața lui.

Vide una seconda figura balzare dalla riva precedendo la preda.

A văzut o a doua siluetă sărind de pe mal înaintea prăzii.

La figura era Spitz, atterrato proprio sulla traiettoria del coniglio in fuga.

Silueta era Spitz, care ateriza chiar în calea iepurelui care fugea.

Il coniglio non riuscì a girarsi e incontrò le fauci di Spitz a mezz'aria.

Iepurele nu se putea întoarce și a lovit fălcile lui Spitz în aer.

La spina dorsale del coniglio si spezzò con un grido acuto come il grido di un essere umano morente.

Șira spinării iepurelui s-a rupt cu un țipăt la fel de ascuțit ca strigătul unui om pe moarte.

A quel suono, il passaggio dalla vita alla morte, il branco ululò forte.

La acel sunet – căderea de la viață la moarte – haita a urlat tare.

Un coro selvaggio si levò da dietro Buck, pieno di oscura gioia.

Un cor sălbatic s-a ridicat din spatele lui Buck, plin de o încântare sumbră.

Buck non emise alcun grido, nessun suono e si lanciò dritto verso Spitz.

Buck nu a scos niciun țipăt, niciun sunet și s-a năpustit direct asupra lui Spitz.

Mirò alla gola, ma colpì invece la spalla.

A țintit spre gât, dar a lovit în schimb umărul.

Caddero nella neve soffice, i loro corpi erano intrappolati in un combattimento.

Se rostogoleau prin zăpadă moale; trupurile lor erau înlănțuite în luptă.

Spitz balzò in piedi rapidamente, come se non fosse mai stato atterrato.

Spitz a sărit repede în sus, ca și cum n-ar fi fost doborât deloc.

Colpì Buck alla spalla e poi balzò fuori dalla mischia.

L-a lovit pe Buck la umăr, apoi a sărit din luptă.

Per due volte i suoi denti schioccarono come trappole d'acciaio, e le sue labbra si arricciarono e si fecero feroci.

De două ori dinții i-au pocnit ca niște capcane de oțel, buzele strâmbate și fioroase.

Arretrò lentamente, cercando un terreno solido sotto i piedi.

S-a retras încet, căutând teren solid sub picioare.

Buck comprese il momento all'istante e pienamente.

Buck a înțeles momentul instantaneu și pe deplin.

Il momento era giunto: la lotta sarebbe stata una lotta all'ultimo sangue.

Sosise momentul; lupta urma să fie o luptă pe viață și pe moarte.

I due cani giravano in cerchio, ringhiando, con le orecchie piatte e gli occhi socchiusi.

Cei doi câini se învârteau în cerc, mârâind, cu urechile plesnite și ochii mijiți.

Ogni cane aspettava che l'altro mostrasse debolezza o facesse un passo falso.

Fiecare câine aștepta ca celălalt să arate slăbiciune sau să facă un pas greșit.

Buck percepiva quella scena come stranamente nota e profondamente ricordata.
Pentru Buck, scena părea straniu de cunoscută și profund amintită.
I boschi bianchi, la terra fredda, la battaglia al chiaro di luna.
Pădurile albe, pământul rece, bătălia sub lumina lunii.
Un silenzio pesante, profondo e innaturale riempiva la terra.
O liniște apăsătoare umplea pământul, adâncă și nefirească.
Nessun vento si alzava, nessuna foglia si muoveva, nessun suono rompeva il silenzio.
Niciun vânt nu se mișca, nicio frunză nu spargea, niciun sunet nu strica liniștea.
Il respiro dei cani si levava come fumo nell'aria gelida e silenziosa.
Respirațiile câinilor se înălțau ca fumul în aerul înghețat și liniștit.
Il coniglio era stato dimenticato da tempo dal branco di animali selvatici.
Iepurele a fost de mult uitat de haita de animale sălbatice.
Questi lupi semiaddomesticati ora stavano fermi in un ampio cerchio.
Acești lupi pe jumătate îmblânziți stăteau acum nemișcați, formând un cerc larg.
Erano silenziosi, solo i loro occhi luminosi rivelavano la loro fame.
Erau tăcuți, doar ochii lor strălucitori le dezvăluia foamea.
Il loro respiro saliva, mentre osservavano l'inizio dello scontro finale.
Respirația li s-a ridicat, privind cum începe lupta finală.
Per Buck questa battaglia era vecchia e attesa, per niente strana.
Pentru Buck, această bătălie era veche și așteptată, deloc ciudată.
Era come il ricordo di qualcosa che doveva accadere da sempre.
Părea o amintire a ceva menit să se întâmple mereu.

Spitz era un cane da combattimento addestrato, affinato da innumerevoli risse selvagge.

Spitzul era un câine de luptă dresat, perfecționat prin nenumărate încăierări sălbatice.

Dallo Spitzbergen al Canada, aveva sconfitto molti nemici.

De la Spitzbergen până în Canada, el stăpânise mulți dușmani.

Era pieno di rabbia, ma non cedette mai il controllo alla rabbia.

Era cuprins de furie, dar nu și-a dat niciodată stăpânire de furie.

La sua passione era acuta, ma sempre temperata dal duro istinto.

Pasiunea lui era ascuțită, dar întotdeauna temperată de un instinct dur.

Non ha mai attaccato finché non ha avuto la sua difesa pronta.

Nu a atacat niciodată până când nu și-a pus în aplicare propria apărare.

Buck provò più volte a raggiungere il collo vulnerabile di Spitz.

Buck a încercat iar și iar să ajungă la gâtul vulnerabil al lui Spitz.

Ma ogni colpo veniva accolto da un fendente dei denti affilati di Spitz.

Dar fiecare lovitură era întâmpinată de o tăietură din dinții ascuțiți ai lui Spitz.

Le loro zanne si scontrarono ed entrambi i cani sanguinarono dalle labbra lacerate.

Colții li s-au ciocnit, iar ambii câini au sângerat din buzele sfâșiate.

Nonostante i suoi sforzi, Buck non riusciva a rompere la difesa.

Indiferent cum s-ar fi aruncat Buck, nu a putut sparge apărarea.

Divenne sempre più furioso e si lanciò verso di lui con violente esplosioni di potenza.

A devenit și mai furios, năvălind cu izbucniri sălbatice de putere.

Buck colpì ripetutamente la bianca gola di Spitz.

Buck a lovit iar și iar gâtul alb al lui Spitz.

Ogni volta Spitz schivava e contrattaccava con un morso tagliente.

De fiecare dată, Spitz se eschiva și riposta cu o mușcătură tăioasă.

Poi Buck cambiò tattica, avventandosi di nuovo come se volesse colpirlo alla gola.

Apoi Buck și-a schimbat tactica, năvălind din nou ca și cum ar fi prins gâtul.

Ma a metà attacco si è ritirato, girandosi per colpire di lato.

Dar s-a retras în mijlocul atacului, întorcându-se să lovească din lateral.

Colpì Spitz con una spallata, con l'intento di buttarlo a terra.

L-a izbit cu umărul pe Spitz, cu intenția de a-l doborî.

Ogni volta che ci provava, Spitz lo schivava e rispondeva con un fendente.

De fiecare dată când încerca, Spitz se eschiva și riposta cu o lovitură tăioasă.

La spalla di Buck si faceva scorticare mentre Spitz si liberava dopo ogni colpo.

Umărul lui Buck se înțepenea când Spitz sărea după fiecare lovitură.

Spitz non era stato toccato, mentre Buck sanguinava dalle numerose ferite.

Spitz nu fusese atins, în timp ce Buck sângera din multe răni.

Il respiro di Buck era affannoso e pesante, il suo corpo era viscido di sangue.

Respirația lui Buck era rapidă și grea, iar corpul îi era alunecos de sânge.

La lotta diventava più brutale a ogni morso e carica.

Lupta devenea mai brutală cu fiecare mușcătură și atac.

Attorno a loro, sessanta cani silenziosi aspettavano che il primo cadesse.

În jurul lor, șaizeci de câini tăcuți așteptau ca primii să cadă.

Se un cane fosse caduto, il branco avrebbe posto fine alla lotta.

Dacă un câine cădea, haita urma să termine lupta.

Spitz vide Buck indebolirsi e cominciò ad attaccare.

Spitz l-a văzut pe Buck slăbind și a început să atace în forță.

Mantenne Buck sbilanciato, costringendolo a lottare per restare in piedi.

L-a dezechilibrat pe Buck, forțându-l să se lupte pentru a se menține în echilibru.

Una volta Buck inciampò e cadde, e tutti i cani si rialzarono.

Odată Buck s-a împiedicat și a căzut, iar toți câinii s-au ridicat.

Ma Buck si raddrizzò a metà caduta e tutti ricaddero.

Dar Buck s-a îndreptat la mijlocul căderii și toată lumea s-a prăbușit la loc.

Buck aveva qualcosa di raro: un'immaginazione nata da un profondo istinto.

Buck avea ceva rar – imaginație născută dintr-un instinct profund.

Combatté per istinto naturale, ma combatté anche con astuzia.

A luptat din instinct natural, dar a luptat și cu viclenie.

Tornò ad attaccare come se volesse ripetere il trucco dell'attacco alla spalla.

A năvălit din nou, ca și cum și-ar fi repetat trucul de atac cu umărul.

Ma all'ultimo secondo si abbassò e passò sotto Spitz.

Dar în ultima secundă, a coborât și a trecut sub Spitz.

I suoi denti si bloccarono sulla zampa anteriore sinistra di Spitz con uno schiocco.

Dinții i s-au înfipt în piciorul stâng din față al lui Spitz cu un pocnet.

Spitz ora era instabile e il suo peso gravava solo su tre zampe.

Spitz stătea acum nesigur, sprijinindu-se doar pe trei picioare.

Buck colpì di nuovo e tentò tre volte di atterrarlo.

Buck a lovit din nou, încercând de trei ori să-l doboare.

Al quarto tentativo ha usato la stessa mossa con successo

La a patra încercare a folosit aceeași mișcare cu succes.

Questa volta Buck riuscì a mordere la zampa destra di Spitz.

De data aceasta, Buck a reușit să muște piciorul drept al lui Spitz.

Spitz, benché storpio e in agonia, continuò a lottare per sopravvivere.

Spitz, deși schilodit și în agonie, a continuat să se lupte pentru a supraviețui.

Vide il cerchio degli husky stringersi, con le lingue fuori e gli occhi luminosi.

A văzut cercul de husky-i strângându-se, cu limbile scoase și ochii strălucind.

Aspettarono di divorarlo, proprio come avevano fatto con gli altri.

Așteptau să-l devoreze, așa cum făcuseră și cu alții.

Questa volta era lui al centro, sconfitto e condannato.

De data aceasta, stătea în centru; învins și condamnat.

Ormai il cane bianco non aveva più alcuna possibilità di fuga.

Câinele alb nu mai avea nicio opțiune de scăpare acum.

Buck non mostrò alcuna pietà, perché la pietà non era a posto nella natura selvaggia.

Buck n-a arătat milă, căci mila nu-și avea locul în sălbăticie.

Buck si mosse con cautela, preparandosi per la carica finale.

Buck s-a mișcat cu grijă, pregătindu-se pentru atacul final.

Il cerchio degli husky si stringeva; lui sentiva i loro respiri caldi.

Cercul de câini husky se strânse; el le simți respirația caldă.

Si accovacciarono, pronti a scattare quando fosse giunto il momento.

S-au ghemuit, pregătiți să sară când va veni momentul.

Spitz tremava nella neve, ringhiando e cambiando posizione.

Spitz tremura în zăpadă, mârâind și schimbându-și poziția.

I suoi occhi brillavano, le labbra si arricciavano, i denti brillavano in un'espressione disperata e minacciosa.

Ochii îi străluceau, buzele i se strâmbau, iar dinții îi sclipeau într-o amenințare disperată.

Barcollò, cercando ancora di resistere al freddo morso della morte.

S-a clătinat, încercând încă să se abțină de la mușcătura rece a morții.

Aveva già visto situazioni simili, ma sempre dalla parte dei vincitori.

Mai văzuse asta și înainte, dar întotdeauna din partea câștigătoarei.

Ora era dalla parte perdente; lo sconfitto; la preda; la morte.

Acum era de partea pierzătorilor; cel învins; prada; moartea.

Buck si preparò al colpo finale, mentre il cerchio dei cani si faceva sempre più stretto.

Buck se învârti pentru lovitura finală, cercul de câini strângându-se tot mai aproape.

Poteva sentire i loro respiri caldi; erano pronti a uccidere.

Le putea simți respirația fierbinte; gata de ucidere.

Calò il silenzio; tutto era al suo posto; il tempo si era fermato.

S-a lăsat liniștea; totul era la locul lui; timpul se oprise.

Persino l'aria fredda tra loro si congelò per un ultimo istante.

Chiar și aerul rece dintre ei a înghețat pentru o ultimă clipă.

Soltanto Spitz si mosse, cercando di trattenere la sua fine amara.

Doar Spitz s-a mișcat, încercând să-și amâne sfârșitul amar.

Il cerchio dei cani si stava stringendo attorno a lui, come era suo destino.

Cercul câinilor se strângea în jurul lui, la fel ca și destinul său.

Ora era disperato, sapendo cosa stava per accadere.

Era disperat acum, știind ce urma să se întâmple.

Buck balzò dentro e la sua spalla incontrò la sua spalla per l'ultima volta.

Buck a sărit înăuntru, umărul s-a întâlnit cu umărul pentru ultima oară.

I cani si lanciarono in avanti, nascondendo Spitz nell'oscurità della neve.

Câinii s-au năpustit înainte, acoperindu-l pe Spitz în
întunericul ca zăpada.

**Buck osservava, eretto e fiero; il vincitore in un mondo
selvaggio.**

Buck privea, stând drept în picioare; învingătorul într-o lume
sălbatică.

**La bestia primordiale dominante aveva fatto la sua
uccisione, e la aveva fatta bene.**

Fiara primordială dominantă își făcuse prada, și era bună.

Colui che ha conquistato la maestria
El, care a câștigat spre măiestrie

"Eh? Cosa ho detto? Dico la verità quando dico che Buck è un diavolo."

„Eh? Ce-am spus? Spun adevărul când spun că Buck e un diavol."

François raccontò questo la mattina dopo aver scoperto la scomparsa di Spitz.

François a spus asta a doua zi dimineață, după ce l-a găsit pe Spitz dispărut.

Buck rimase lì, coperto di ferite causate dal violento combattimento.

Buck stătea acolo, acoperit de rănile provocate de lupta aprigă.

François tirò Buck vicino al fuoco e indicò le ferite.

François l-a tras pe Buck lângă foc și a arătat spre răni.

«Quello Spitz ha combattuto come il Devik», disse Perrault, osservando i profondi tagli.

„Spitz-ul ăla s-a luptat ca Devik-ul", a spus Perrault, privind tăieturile adânci.

«E quel Buck si batteva come due diavoli», rispose subito François.

„Și Buck-ul ăla s-a luptat ca doi diavoli", a răspuns François imediat.

"Ora faremo buon passo; niente più Spitz, niente più guai."

„Acum o să ne descurcăm bine; gata cu Spitz-ii, gata cu necazurile."

Perrault stava preparando l'attrezzatura e caricò la slitta con cura.

Perrault împacheta echipamentul și încărca sania cu grijă.

François bardò i cani per prepararli alla corsa della giornata.

François a înhămat câinii în pregătire pentru cursa zilei.

Buck trotterellò dritto verso la posizione di testa, precedentemente occupata da Spitz.

Buck a alergat direct în poziția de frunte, deținută cândva de Spitz.

Ma François, senza accorgersene, condusse Solleks in prima linea.

Dar François, fără să observe, l-a condus pe Solleks în față.

Secondo François, Solleks era ora il miglior cane da corsa.

După părerea lui François, Solleks era acum cel mai bun câine de conducere.

Buck si scagliò furioso contro Solleks e lo respinse indietro in segno di protesta.

Buck a sărit furios asupra lui Solleks și l-a respins în semn de protest.

Si fermò dove un tempo si era fermato Spitz, rivendicando la posizione di comando.

El a stat acolo unde stătuse odinioară Spitz, revendicând poziția de lider.

"Eh? Eh?" esclamò François, dandosi una pacca sulle cosce divertito.

„Ăă? Ăă?" a strigat François, bătându-și palmele peste coapsă amuzat.

"Guarda Buck: ha ucciso Spitz, ora vuole prendersi il posto!"

„Uite-te la Buck - l-a omorât pe Spitz, iar acum vrea să ia slujba!"

"Vattene via, Chook!" urlò, cercando di scacciare Buck.

„Plecați-vă, Chook!", a strigat el, încercând să-l alunge pe Buck.

Ma Buck si rifiutò di muoversi e rimase immobile nella neve.

Dar Buck a refuzat să se miște și a rămas nemișcat în zăpadă.

François afferrò Buck per la collottola e lo trascinò da parte.

François l-a apucat pe Buck de guler, trăgându-l deoparte.

Buck ringhiò basso e minaccioso, ma non attaccò.

Buck mârâi încet și amenințător, dar nu atacă.

François rimette Solleks in testa, cercando di risolvere la disputa

François l-a readus pe Solleks în frunte, încercând să aplaneze disputa.

Il vecchio cane mostrò paura di Buck e non voleva restare.

Câinele bătrân a arătat frică de Buck și nu a vrut să rămână.

Quando François gli voltò le spalle, Buck scacciò di nuovo Solleks.

Când François i-a întors spatele, Buck l-a alungat din nou pe Solleks.

Solleks non oppose resistenza e si fece di nuovo da parte in silenzio.

Solleks nu s-a opus și s-a dat din nou la o parte în liniște.

François si arrabbiò e urlò: "Per Dio, ti sistemo!"

François s-a înfuriat și a strigat: „Pe Dumnezeu, te vindec!"

Si avvicinò a Buck tenendo in mano una pesante mazza.

A venit spre Buck ținând în mână o bâtă grea.

Buck ricordava bene l'uomo con il maglione rosso.

Buck își amintea bine de bărbatul în pulover roșu.

Si ritirò lentamente, osservando François ma ringhiando profondamente.

Se retrase încet, privindu-l pe François, dar mârâind adânc.

Non si affrettò a tornare indietro, nemmeno quando Solleks si mise al suo posto.

Nu s-a grăbit să se întoarcă, nici măcar atunci când Solleks i-a luat locul.

Buck si girò in cerchio, appena fuori dalla sua portata, ringhiando furioso e protestando.

Buck se învârtea în cerc, puțin mai departe de el, mârâind furios și protestând.

Teneva gli occhi fissi sulla mazza, pronto a schivare il colpo se François l'avesse lanciata.

Și-a ținut ochii ațintiți asupra măciucii, gata să se eschiveze dacă François ar fi aruncat.

Era diventato saggio e cauto nei confronti degli uomini che maneggiavano le armi.

Devenise înțelept și precaut în felul în care se descurcă oamenii înarmați.

François si arrese e chiamò di nuovo Buck al suo vecchio posto.

François a renunțat și l-a chemat din nou pe Buck la fosta lui locuință.

Ma Buck fece un passo indietro con cautela, rifiutandosi di obbedire all'ordine.

Dar Buck făcu un pas înapoi cu precauție, refuzând să se supună ordinului.

François lo seguì, ma Buck indietreggiò solo di pochi passi.

François l-a urmat, dar Buck s-a retras doar câțiva pași.

Dopo un po' François gettò a terra l'arma, frustrato.

După un timp, François a aruncat arma jos, frustrat.

Pensava che Buck avesse paura di essere picchiato e che avrebbe fatto lo stesso senza far rumore.

El credea că Buck se temea de o bătaie și avea de gând să vină în liniște.

Ma Buck non stava evitando la punizione: stava lottando per ottenere un rango.

Dar Buck nu evita pedeapsa — el lupta pentru rang.

Si era guadagnato il posto di capobranco combattendo fino alla morte

El își câștigase locul de câine principal printr-o luptă pe viață și pe moarte.

non si sarebbe accontentato di niente di meno che di essere il leader.

nu avea de gând să se mulțumească cu nimic mai puțin decât să fie lider.

Perrault si unì all'inseguimento per aiutare a catturare il ribelle Buck.

Perrault a participat la urmărire pentru a-l prinde pe rebelul Buck.

Insieme lo portarono in giro per l'accampamento per quasi un'ora.

Împreună, l-au plimbat prin tabără timp de aproape o oră.

Gli scagliarono contro dei bastoni, ma Buck li schivò abilmente uno per uno.

Au aruncat cu bâte în el, dar Buck le-a evitat pe fiecare cu abilitate.

Maledissero lui, i suoi antenati, i suoi discendenti e ogni suo capello.

L-au blestemat pe el, strămoșii lui, urmașii lui și fiecare fir de
păr de pe el.

**Ma Buck si limitò a ringhiare e a restare appena fuori dalla
loro portata.**

Dar Buck doar a mârâit înapoi și a rămas cât să nu le ajungă.

**Non cercò mai di scappare, ma continuò a girare intorno
all'accampamento deliberatamente.**

Nu a încercat niciodată să fugă, ci a înconjurat tabăra în mod
deliberat.

**Disse chiaramente che avrebbe obbedito una volta ottenuto
ciò che voleva.**

A spus clar că va asculta odată ce îi vor da ceea ce își dorește.

Alla fine François si sedette e si grattò la testa, frustrato.

În cele din urmă, François s-a așezat și s-a scarpinat în cap de
frustrare.

**Perrault controllò l'orologio, imprecò e borbottò qualcosa sul
tempo perso.**

Perrault și-a verificat ceasul, a înjurat și a mormăit despre
timpul pierdut.

**Era già trascorsa un'ora, mentre avrebbero dovuto essere
sulle tracce.**

Trecuse deja o oră când ar fi trebuit să fie pe potecă.

**François alzò le spalle timidamente, guardando il corriere,
che sospirò sconfitto.**

François ridică din umeri timid spre curier, care oftă învins.

**Poi François si avvicinò a Solleks e chiamò ancora una volta
Buck.**

Apoi François s-a dus la Solleks și l-a strigat din nou pe Buck.

**Buck rise come ride un cane, ma mantenne una cauta
distanza.**

Buck a râs ca un câine, dar și-a păstrat distanța precaută.

**François tolse l'imbracatura a Solleks e lo rimise al suo
posto.**

François i-a scos hamul lui Solleks și l-a pus înapoi la locul lui.

**La squadra di slittini era completamente imbracata, con un
solo posto libero.**

Echipa de sanie stătea complet înhamată, cu un singur loc liber.

La posizione di comando rimase vuota, chiaramente riservata solo a Buck.

Poziția de frunte a rămas goală, evident destinată doar lui Buck.

François chiamò di nuovo e di nuovo Buck rise e mantenne la sua posizione.

François a strigat din nou, iar Buck a râs din nou și și-a menținut poziția.

«Gettate giù la mazza», ordinò Perrault senza esitazione.

„Aruncă bâta jos", ordonă Perrault fără ezitare.

François obbedì e Buck si lanciò subito avanti con orgoglio.

François s-a supus, iar Buck a pornit imediat înainte cu mâna.

Rise trionfante e assunse la posizione di comando.

A râs triumfător și a pășit în poziția de frunte.

François fissò le corde e la slitta si staccò.

François și-a asigurat cheile, iar sania a fost desprinsă.

Entrambi gli uomini corsero fianco a fianco mentre la squadra si lanciava lungo il sentiero del fiume.

Amândoi bărbații au alergat alături de ei în timp ce echipa a alergat pe poteca de pe râu.

François aveva avuto una grande stima dei "due diavoli" di Buck,

François îi prețuise mult pe „cei doi diavoli" ai lui Buck,

ma ben presto si rese conto di aver in realtà sottovalutato il cane.

dar și-a dat seama curând că, de fapt, subestimase câinele.

Buck assunse rapidamente la leadership e si comportò in modo eccellente.

Buck a preluat rapid conducerea și a performat cu excelență.

Buck superò Spitz per capacità di giudizio, rapidità di pensiero e rapidità di azione.

Buck l-a depășit pe Spitz în judecată, gândire rapidă și acțiune rapidă.

François non aveva mai visto un cane pari a quello che Buck mostrava ora.

François nu mai văzuse niciodată un câine egal cu cel pe care îl arăta acum Buck.

Ma Buck eccelleva davvero nel far rispettare l'ordine e nel imporre rispetto.

Dar Buck a excelat cu adevărat în a impune ordinea și a impune respect.

Dave e Solleks accettarono il cambiamento senza preoccupazioni o proteste.

Dave și Solleks au acceptat schimbarea fără griji sau proteste.

Si concentravano solo sul lavoro e tiravano forte le redini.

S-au concentrat doar pe muncă și pe a trage tare de frâie.

A loro importava poco chi guidasse, purché la slitta continuasse a muoversi.

Puțin le păsa cine conducea, atâta timp cât sania continua să se miște.

Billee, quella allegra, avrebbe potuto comandare per quel che volevano.

Billee, cel vesel, ar fi putut conduce, oricât le-ar fi păsat.

Ciò che contava per loro era la pace e l'ordine tra i ranghi.

Ceea ce conta pentru ei era pacea și ordinea în rânduri.

Il resto della squadra era diventato indisciplinato durante il declino di Spitz.

Restul echipei devenise rebel în timpul declinului lui Spitz.

Rimasero scioccati quando Buck li riportò immediatamente all'ordine.

Au fost șocați când Buck i-a adus imediat la ordine.

Pike era sempre stato pigro e aveva sempre tergiversato dietro a Buck.

Pike fusese întotdeauna leneș și își târâse picioarele în urma lui Buck.

Ma ora è stato severamente disciplinato dalla nuova leadership.

Dar acum a fost aspru disciplinat de noua conducere.

E imparò rapidamente a dare il suo contributo alla squadra.

Și a învățat repede să-și facă treaba în echipă.

Alla fine della giornata, Pike lavorò più duramente che mai.

Până la sfârșitul zilei, Pike a muncit mai mult ca niciodată.

Quella notte all'accampamento, Joe, il cane scontroso, fu finalmente domato.

În noaptea aceea, în tabără, Joe, câinele acru, a fost în sfârșit imobilizat.

Spitz non era riuscito a disciplinarlo, ma Buck non aveva fallito.

Spitz nu reușise să-l disciplineze, dar Buck nu a eșuat.

Sfruttando il suo peso maggiore, Buck sopraffece Joe in pochi secondi.

Folosindu-se de greutatea sa mai mare, Buck l-a copleșit pe Joe în câteva secunde.

Morse e picchiò Joe finché questi non si mise a piagnucolare e smise di opporre resistenza.

L-a mușcat și l-a bătut pe Joe până când acesta a gemut și a încetat să se mai opună.

Da quel momento in poi l'intera squadra migliorò.

Întreaga echipă s-a îmbunătățit din acel moment.

I cani ritrovarono la loro antica unità e disciplina.

Câinii și-au recăpătat vechea unitate și disciplină.

A Rink Rapids si sono uniti al gruppo due nuovi husky autoctoni, Teek e Koona.

La Rink Rapids, s-au alăturat doi noi câini husky nativi, Teek și Koona.

La rapidità con cui Buck li addestramento stupì perfino François.

Rapiditatea cu care Buck i-a dresat l-a uimit chiar și pe François.

"Non è mai esistito un cane come quel Buck!" esclamò stupito.

„N-a mai fost niciodată un câine ca Buck-ul ăsta!", a strigat el uimit.

"No, mai! Vale mille dollari, per Dio!"

„Nu, niciodată! Merită o mie de dolari, pe Dumnezeule!"

"Eh? Che ne dici, Perrault?" chiese con orgoglio.

„Eh? Ce zici, Perrault?", a întrebat el cu mândrie.

Perrault annuì in segno di assenso e controllò i suoi appunti.

Perrault dădu din cap în semn de aprobare și își verifică
notițele.

**Siamo già in anticipo sui tempi e guadagniamo sempre di
più ogni giorno.**

Suntem deja înainte de termen și câștigăm mai mult în fiecare
zi.

Il sentiero era compatto e liscio, senza neve fresca.

Drumul era batut și neted, fără zăpadă proaspătă.

**Il freddo era costante, con temperature che si aggiravano
sempre sui cinquanta gradi sotto zero.**

Frigul era constant, oscilant sub cincizeci de grade pe tot
parcursul zilei.

**Per scaldarsi e guadagnare tempo, gli uomini si alternavano
a cavallo e a correre.**

Bărbații călăreau și alergau pe rând ca să se încălzească și să
facă timp.

**I cani correvano veloci, fermandosi di rado, spingendosi
sempre in avanti.**

Câinii alergau repede, cu puține opriri, mereu înaintând
înainte.

**Il fiume Thirty Mile era per la maggior parte ghiacciato e
facile da attraversare.**

Râul Thirty Mile era în mare parte înghețat și ușor de
traversat.

**In un giorno realizzarono ciò che per arrivare aveva
impiegato dieci giorni.**

Au ieșit într-o singură zi după ce ajunseseră în zece zile.

**Percorsero circa 96 chilometri dal lago Le Barge a White
Horse.**

Au parcurs o cursă de șasezeci de mile de la Lacul Le Barge
până la Calul Alb.

**Si muovevano a velocità incredibile attraverso i laghi Marsh,
Tagish e Bennett.**

S-au mișcat incredibil de repede peste lacurile Marsh, Tagish
și Bennett.

**L'uomo che correva veniva trainato dietro la slitta con una
corda.**

Bărbatul alergător, remorcat în spatele saniei pe o frânghie.

L'ultima notte della seconda settimana giunsero a destinazione.

În ultima noapte a celei de-a doua săptămâni, au ajuns la destinație.

Insieme avevano raggiunto la cima del White Pass.

Ajunseseră împreună în vârful Trecătorii Albe.

Scesero fino al livello del mare, con le luci dello Skaguay sotto di loro.

Au coborât la nivelul mării cu luminile lui Skaguay sub ei.

Era stata una corsa da record attraverso chilometri di fredda natura selvaggia.

Fusese o alergare record prin kilometri întregi de sălbăticie rece.

Per quattordici giorni di fila percorsero in media circa quaranta miglia.

Timp de paisprezece zile consecutive, au parcurs o medie de patruzeci de mile.

A Skaguay, Perrault e François trasportavano merci attraverso la città.

În Skaguay, Perrault și François au mutat marfă prin oraș.

Furono applauditi e ricevettero numerose bevande dalla folla ammirata.

Au fost aclamați și li s-au oferit multe băuturi de către mulțimea admirată.

I cacciatori di cani e gli operai si sono riuniti attorno alla famosa squadra cinofila.

Vânătorii de câini și muncitorii s-au adunat în jurul faimosului acompaniament canin.

Poi i fuorilegge del West giunsero in città e subirono una violenta sconfitta.

Apoi, haiducii din vest au venit în oraș și au suferit o înfrângere violentă.

La gente si dimenticò presto della squadra e si concentrò sul nuovo dramma.

Oamenii au uitat curând de echipă și s-au concentrat pe o nouă dramă.

Poi arrivarono i nuovi ordini che cambiarono tutto in un colpo.

Apoi au venit noile ordine care au schimbat totul dintr-o dată.

François chiamò Buck e lo abbracciò con orgoglio e lacrime.

François l-a chemat pe Buck la el și l-a îmbrățișat cu o mândrie plină de lacrimi.

Quel momento fu l'ultima volta che Buck vide di nuovo François.

Acel moment a fost ultima dată când Buck l-a mai văzut pe François.

Come molti altri uomini prima di lui, sia François che Perrault se n'erano andati.

Ca mulți alții înaintea lor, atât François, cât și Perrault dispăruseră.

Un meticcio scozzese si prese cura di Buck e dei suoi compagni di squadra con i cani da slitta.

Un metis scoțian a preluat controlul asupra lui Buck și a coechipierilor săi trasi de câini de sanie.

Con una dozzina di altre mute di cani, ritornarono lungo il sentiero fino a Dawson.

Împreună cu alte douăsprezece atelaje de câini, s-au întors pe potecă spre Dawson.

Non si trattava più di una corsa veloce, ma solo di un duro lavoro con un carico pesante ogni giorno.

Nu mai era o alergare rapidă acum – ci doar o trudă grea cu o povară grea în fiecare zi.

Si trattava del treno postale che portava notizie ai cercatori d'oro vicino al Polo.

Acesta era trenul poștal, care ducea vești căutătorilor de aur de lângă Pol.

Buck non amava il lavoro, ma lo sopportò bene, essendo orgoglioso del suo impegno.

Lui Buck nu i-a plăcut munca, dar a suportat-o bine, fiind mândru de efortul său.

Come Dave e Solleks, Buck dimostrava dedizione in ogni compito quotidiano.

La fel ca Dave și Solleks, Buck a dat dovadă de devotament
față de fiecare sarcină zilnică.

**Si è assicurato che tutti i suoi compagni di squadra dessero il
massimo.**

S-a asigurat că fiecare coechipierilor săi și-a dat cu ce putea.

**La vita sui sentieri divenne noiosa e si ripeteva con la
precisione di una macchina.**

Viața pe potecă a devenit plictisitoare, repetată cu precizia
unei mașini.

**Ogni giorno era uguale, una mattina si fondeva con quella
successiva.**

Fiecare zi părea la fel, o dimineață contopindu-se cu
următoarea.

**Alla stessa ora, i cuochi si alzarono per accendere il fuoco e
preparare il cibo.**

La aceeași oră, bucătarii s-au ridicat să aprindă focuri și să
pregătească mâncarea.

**Dopo colazione alcuni lasciarono l'accampamento mentre
altri attaccarono i cani.**

După micul dejun, unii au părăsit tabăra, în timp ce alții au
înhamat câinii.

**Raggiunsero il sentiero prima che il pallido segnale dell'alba
sfiorasse il cielo.**

Au pornit pe potecă înainte ca avertismentul vag al zorilor să
atingă cerul.

**Di notte si fermavano per accamparsi, e a ogni uomo veniva
assegnato un compito.**

Noaptea, se opreau să-și facă tabăra, fiecare om având o
îndatorire stabilită.

**Alcuni montarono le tende, altri tagliarono la legna da
ardere e raccolsero rami di pino.**

Unii și-au ridicat corturile, alții au tăiat lemne de foc și au
adunat crengi de pin.

**Acqua o ghiaccio venivano portati ai cuochi per la cena
serale.**

Apa sau gheața erau aduse înapoi bucătarilor pentru masa de
seară.

I cani vennero nutriti e per loro quello fu il momento migliore della giornata.

Câinii au fost hrăniți, iar aceasta a fost cea mai bună parte a zilei pentru ei.

Dopo aver mangiato il pesce, i cani si rilassarono e oziarono vicino al fuoco.

După ce au mâncat pește, câinii s-au relaxat și s-au lenevit lângă foc.

Nel convoglio c'erano un centinaio di altri cani con cui socializzare.

În convoi mai erau o sută de câini cu care să se amestece.

Molti di quei cani erano feroci e pronti a combattere senza preavviso.

Mulți dintre acei câini erau feroși și se luptau repede fără avertisment.

Ma dopo tre vittorie, Buck riuscì a domare anche i combattenti più feroci.

Dar după trei victorii, Buck i-a stăpânit chiar și pe cei mai aprigi luptători.

Ora, quando Buck ringhiò e mostrò i denti, loro si fecero da parte.

Acum, când Buck a mârâit și și-a arătat dinții, s-au dat la o parte.

Forse la cosa più bella di tutte era che a Buck piaceva sdraiarsi vicino al fuoco tremolante.

Poate cel mai important dintre toate, lui Buck îi plăcea să stea întins lângă focul de tabără pâlpâitor.

Si accovacciò, con le zampe posteriori ripiegate e quelle anteriori distese in avanti.

Stătea ghemuit cu picioarele din spate strânse și cele din față întinse înainte.

Teneva la testa sollevata e sbatteva dolcemente le palpebre verso le fiamme ardenti.

Avea capul ridicat în timp ce clipea ușor la flăcările strălucitoare.

A volte ricordava la grande casa del giudice Miller a Santa Clara.

Uneori își amintea de casa mare a judecătorului Miller din
Santa Clara.

**Pensò alla piscina di cemento, a Ysabel e al carlino di nome
Toots.**

S-a gândit la piscina de ciment, la Ysabel și la mopsul pe nume
Toots.

**Ma più spesso si ricordava del bastone dell'uomo con il
maglione rosso.**

Dar își amintea mai des de bâta bărbatului cu pulover roșu.

**Ricordava la morte di Curly e la sua feroce battaglia con
Spitz.**

Și-a amintit de moartea lui Creț și de lupta lui aprigă cu Spitz.

**Ricordava anche il buon cibo che aveva mangiato o che
ancora sognava.**

Și-a amintit și de mâncarea bună pe care o mâncase sau la care
încă visase.

**Buck non aveva nostalgia di casa: la valle calda era lontana e
irreale.**

Buck nu-i era dor de casă — valea caldă era îndepărtată și
ireală.

**I ricordi della California non avevano più alcun fascino su di
lui.**

Amintirile din California nu mai aveau nicio influență reală
asupra lui.

**Più forti della memoria erano gli istinti radicati nella sua
stirpe.**

Mai puternice decât memoria erau instinctele adânc în neamul
său genealogic.

**Le abitudini un tempo perdute erano tornate, ravvivate dal
sentiero e dalla natura selvaggia.**

Obiceiuri odinioară pierdute se întorseseră, reînviate de
potecă și de sălbăticie.

**Mentre Buck osservava la luce del fuoco, a volte questa
diventava qualcos'altro.**

În timp ce Buck privea lumina focului, uneori aceasta se
transforma în altceva.

Vide alla luce del fuoco un altro fuoco, più vecchio e più profondo di quello attuale.

A văzut în lumina focului un alt foc, mai vechi și mai adânc decât cel actual.

Accanto all'altro fuoco era accovacciato un uomo che non somigliava per niente al cuoco meticcio.

Lângă celălalt foc zăcea ghemuit un bărbat, diferit de bucătarul metis.

Questa figura aveva gambe corte, braccia lunghe e muscoli duri e contratti.

Această figură avea picioare scurte, brațe lungi și mușchi tari și încordați.

I suoi capelli erano lunghi e arruffati, e gli scendevano all'indietro a partire dagli occhi.

Părul lui era lung și încâlcit, căzându-i pe spate de la ochi.

Emetteva strani suoni e fissava l'oscurità con paura.

Scotea sunete ciudate și privea cu frică la întuneric.

Teneva bassa una mazza di pietra, stretta saldamente nella sua mano lunga e ruvida.

Ținea jos o bâtă de piatră, strânsă strâns în mâna sa lungă și aspră.

L'uomo indossava ben poco: solo una pelle carbonizzata che gli pendeva lungo la schiena.

Bărbatul purta puține haine; doar o piele carbonizată care îi atârna pe spate.

Il suo corpo era ricoperto da una folta peluria sulle braccia, sul petto e sulle cosce.

Corpul său era acoperit de păr des pe brațe, piept și coapse.

Alcune parti del pelo erano aggrovigliate e formavano chiazze di pelo ruvido.

Unele părți ale părului erau încâlcite în petice de blană aspră.

Non stava dritto, ma era piegato in avanti dai fianchi alle ginocchia.

Nu stătea drept, ci se apleca înainte de la șolduri până la genunchi.

I suoi passi erano elastici e felini, come se fosse sempre pronto a scattare.

Pașii lui erau elastici și pisici, ca și cum ar fi fost mereu gata să sară.

C'era una forte allerta, come se vivesse nella paura costante.

Exista o alertă ascuțită, ca și cum ar fi trăit în frică constantă.

Quest'uomo anziano sembrava aspettarsi il pericolo, indipendentemente dal fatto che questo venisse visto o meno.

Acest om bătrân părea să se aștepte la pericol, indiferent dacă pericolul era văzut sau nu.

A volte l'uomo peloso dormiva accanto al fuoco, con la testa tra le gambe.

Uneori, bărbatul păros dormea lângă foc, cu capul între picioare.

Teneva i gomiti sulle ginocchia e le mani giunte sopra la testa.

Cu coatele sprijinite pe genunchi, cu mâinile împreunate deasupra capului.

Come un cane, usava le sue braccia pelose per proteggersi dalla pioggia che cadeva.

Ca un câine, își folosea brațele păroase ca să se apere de ploaia care cădea.

Oltre la luce del fuoco, Buck vide due carboni ardenti che ardevano nell'oscurità.

Dincolo de lumina focului, Buck văzu doi cărbuni strălucind în întuneric.

Sempre a due a due, erano gli occhi delle bestie da preda.

Mereu doi câte doi, erau ochii unor animale de pradă care pândeau.

Sentì corpi che si infrangevano tra i cespugli e rumori provenienti dalla notte.

A auzit corpuri zdrobindu-se prin tufișuri și sunete scoase în noapte.

Sdraiato sulla riva dello Yukon, sbattendo le palpebre, Buck sognò accanto al fuoco.

Întins pe malul Yukonului, clipind din ochi, Buck visa lângă foc.

Le immagini e i suoni di quel mondo selvaggio gli fecero rizzare i capelli.

Priveliştile şi sunetele acelei lumi sălbatice i-au făcut părul să se ridice.

La pelliccia gli si drizzò lungo la schiena, sulle spalle e sul collo.

Blana i s-a ridicat de-a lungul spatelui, al umerilor şi pe gât.

Gemeva piano o emetteva un ringhio basso dal profondo del petto.

A scâncit încet sau a mârâit înăbuşit adânc în piept.

Allora il cuoco meticcio urlò: "Ehi, Buck, svegliati!"

Apoi, bucătarul metis a strigat: „Hei, Buck, trezeşte-te!"

Il mondo dei sogni svanì e la vera vita tornò agli occhi di Buck.

Lumea viselor a dispărut, iar viaţa reală s-a întors în ochii lui Buck.

Si sarebbe alzato, si sarebbe stiracchiato e avrebbe sbadigliato, come se si fosse svegliato da un pisolino.

Avea să se ridice, să se întindă şi să caşte, ca şi cum s-ar fi trezit dintr-un pui de somn.

Il viaggio era duro, con la slitta postale che li trascinava dietro.

Călătoria a fost grea, cu sania poştală târându-se în urma lor.

Carichi pesanti e lavoro duro sfinivano i cani ogni lunga giornata.

Poverile grele şi munca grea îi epuizau pe câini în fiecare zi lungă.

Arrivarono a Dawson magro, stanco e con bisogno di più di una settimana di riposo.

Au ajuns la Dawson slăbiţi, obosiţi şi având nevoie de peste o săptămână de odihnă.

Ma solo due giorni dopo ripartirono per lo Yukon.

Dar doar două zile mai târziu, au pornit din nou pe Yukon.

Erano carichi di altre lettere dirette al mondo esterno.

Erau încărcate cu mai multe scrisori destinate lumii exterioare.

I cani erano esausti e gli uomini si lamentavano in continuazione.

Câinii erau epuizați, iar bărbații se plângeau încontinuu.

Ogni giorno cadeva la neve, ammorbidendo il sentiero e rallentando le slitte.

Ninsoarea cădea în fiecare zi, înmuind poteca și încetinind săniile.

Ciò rendeva la trazione più dura e aumentava la resistenza delle guide.

Acest lucru a dus la o tracțiune mai puternică și la o rezistență mai mare asupra patinelor.

Nonostante ciò, i piloti si sono dimostrati leali e hanno avuto cura delle loro squadre.

În ciuda acestui fapt, piloții au fost corecți și au avut grijă de echipele lor.

Ogni notte, i cani venivano nutriti prima che gli uomini mangiassero.

În fiecare seară, câinii erau hrăniți înainte ca bărbații să apuce să mănânce.

Nessun uomo dormiva prima di controllare le zampe del proprio cane.

Niciun bărbat nu a dormit înainte de a-și verifica picioarele propriului câine.

Tuttavia, i cani diventavano sempre più deboli man mano che i chilometri consumavano i loro corpi.

Totuși, câinii au slăbit pe măsură ce kilometrii le măturau corpurile.

Avevano viaggiato per milleottocento miglia durante l'inverno.

Călătoriseră opt sute opt sute de mile pe parcursul iernii.

Percorrevano ogni miglio di quella distanza brutale trainando le slitte.

Au tras sănii peste fiecare milă din acea distanță brutală.

Anche i cani da slitta più resistenti provano tensione dopo tanti chilometri.

Chiar și cei mai rezistenți câini de sanie simt efort după atâția kilometri.

Buck tenne duro, fece sì che la sua squadra lavorasse e mantenne la disciplina.

Buck a rezistat, și-a menținut echipa în mișcare și a menținut disciplina.

Ma Buck era stanco, proprio come gli altri durante il lungo viaggio.

Dar Buck era obosit, la fel ca ceilalți din lunga călătorie.

Billee piagnucolava e piangeva nel sonno ogni notte, senza sosta.

Billee scâncea și plângea în somn în fiecare noapte, fără greș.

Joe diventò ancora più amareggiato e Solleks rimase freddo e distante.

Joe a devenit și mai amărât, iar Solleks a rămas rece și distant.

Ma è stato Dave a soffrire di più di tutta la squadra.

Dar Dave a fost cel care a avut cel mai mult de suferit din întreaga echipă.

Qualcosa dentro di lui era andato storto, anche se nessuno sapeva cosa.

Ceva nu mergea bine în interiorul lui, deși nimeni nu știa ce.

Divenne più lunatico e aggredì gli altri con rabbia crescente.

Deveni mai morocănos și se izbea de ceilalți cu o furie crescândă.

Ogni notte andava dritto al suo nido, in attesa di essere nutrito.

În fiecare noapte se ducea direct la cuibul său, așteptând să fie hrănit.

Una volta a terra, Dave non si alzò più fino al mattino.

Odată ce a fost jos, Dave nu s-a mai ridicat până dimineața.

Sulle redini, gli improvvisi strattoni o sussulti lo facevano gridare di dolore.

Pe frâie, smucituri sau tresăriri bruște îl făceau să țipe de durere.

L'autista ha cercato di capirne la causa, ma non ha trovato ferite.

Șoferul său a căutat cauza accidentului, dar nu a găsit nicio rană asupra lui.

Tutti gli autisti cominciarono a osservare Dave e a discutere del suo caso.

Toți șoferii au început să-l privească pe Dave și au discutat cazul lui.

Parlarono durante i pasti e durante l'ultima sigaretta della giornata.

Vorbeau la mese și în timpul ultimei lor țigări din ziua respectivă.

Una notte tennero una riunione e portarono Dave al fuoco.

Într-o seară au ținut o întâlnire și l-au adus pe Dave la foc.

Gli premevano e palpavano il corpo e lui gridava spesso.

I-au apăsat și i-au tatonat corpul, iar el țipa des.

Era evidente che qualcosa non andava, anche se non sembrava esserci nessuna frattura.

Evident, ceva nu era în regulă, deși niciun os nu părea rupt.

Quando arrivarono al Cassiar Bar, Dave stava cadendo.

Până au ajuns la Cassiar Bar, Dave deja cădea.

Il meticcio scozzese impose uno stop e rimosse Dave dalla squadra.

Metișul scoțian a oprit echipa și l-a scos pe Dave din echipă.

Fissò Solleks al posto di Dave, il più vicino possibile alla parte anteriore della slitta.

A fixat Solleks în locul lui Dave, cel mai aproape de partea din față a saniei.

Voleva lasciare che Dave riposasse e corresse libero dietro la slitta in movimento.

Intenționa să-l lase pe Dave să se odihnească și să alerge liber în spatele saniei în mișcare.

Ma nonostante la malattia, Dave odiava che gli venisse tolto il lavoro che aveva ricoperto.

Dar chiar și bolnav, Dave ura să fie luat de la slujba pe care o deținuse.

Ringhiò e piagnucolò quando gli strapparono le redini dal corpo.

A mârâit și a gemut când hățurile i-au fost trase de pe corp.

Quando vide Solleks al suo posto, pianse disperato.

Când l-a văzut pe Solleks în locul lui, a plâns de durere.

L'orgoglio per il lavoro sui sentieri era profondo in Dave, anche quando la morte si avvicinava.

Mândria muncii pe traseu era adânc în Dave, chiar și atunci
când moartea se apropia.

**Mentre la slitta si muoveva, Dave arrancava nella neve
soffice vicino al sentiero.**

Pe măsură ce sania se mișca, Dave se împleticea prin zăpada
moale de lângă potecă.

**Attaccò Solleks, mordendolo e spingendolo giù dal lato
della slitta.**

L-a atacat pe Solleks, mușcându-l și împingându-l de pe
marginea saniei.

**Dave cercò di saltare nell'imbracatura e di riprendersi il suo
posto di lavoro.**

Dave a încercat să sară în hamul și să-și recupereze locul de
lucru.

**Lui guaiva, si lamentava e piangeva, diviso tra il dolore e
l'orgoglio del parto.**

A țipat, a văitat și a plâns, sfâșiat între durere și mândria
travaliului.

**Il meticcio usò la frusta per cercare di allontanare Dave dalla
squadra.**

Metișul și-a folosit biciul ca să încerce să-l alunge pe Dave din
echipă.

**Ma Dave ignorò la frustata e l'uomo non riuscì a colpirlo più
forte.**

Dar Dave a ignorat lovitura de bici, iar bărbatul nu l-a putut
lovi mai tare.

**Dave rifiutò il sentiero più facile dietro la slitta, dove la neve
era compatta.**

Dave a refuzat calea mai ușoară din spatele saniei, unde
zăpada era batată.

**Invece, si ritrovò a lottare nella neve profonda, ai lati del
sentiero, in preda alla miseria.**

În schimb, s-a zbătut în zăpada groasă de lângă potecă, în
suferință.

**Alla fine Dave crollò, giacendo sulla neve e urlando di
dolore.**

În cele din urmă, Dave s-a prăbușit, zăcând în zăpadă și urlând de durere.

Lanciò un grido mentre la lunga fila di slitte gli passava accanto una dopo l'altra.

A strigat când lungul șir de sănii a trecut pe lângă el, una câte una.

Tuttavia, con le poche forze che gli rimanevano, si alzò e barcollò dietro di loro.

Totuși, cu puterea care îi mai rămăsese, se ridică și porni împleticindu-se după ei.

Quando il treno si fermò di nuovo, lo raggiunse e trovò la sua vecchia slitta.

L-a ajuns din urmă când trenul s-a oprit din nou și și-a găsit vechea sanie.

Superò con difficoltà le altre squadre e tornò a posizionarsi accanto a Solleks.

A trecut cu greu pe lângă celelalte echipe și s-a oprit din nou lângă Solleks.

Mentre l'autista si fermava per accendere la pipa, Dave colse l'ultima occasione.

În timp ce șoferul se opri să-și aprindă pipa, Dave și-a profitat de ultima șansă.

Quando l'autista tornò e urlò, la squadra non avanzò.

Când șoferul s-a întors și a strigat, echipa nu a mai pornit.

I cani avevano girato la testa, confusi dall'improvviso arresto.

Câinii își întorseseră capetele, nedumeriți de oprirea bruscă.

Anche il conducente era scioccato: la slitta non si era mossa di un centimetro in avanti.

Șoferul a fost și el șocat — sania nu se mișcase niciun centimetru înainte.

Chiamò gli altri perché venissero a vedere cosa era successo.

I-a chemat pe ceilalți să vină să vadă ce s-a întâmplat.

Dave aveva masticato le redini di Solleks, spezzandole entrambe.

Dave rossese hățurile lui Solleks, rupându-le amândouă.

Ora era di nuovo in piedi davanti alla slitta, nella sua giusta posizione.

Acum stătea în fața saniei, înapoi în poziția sa cuvenită.

Dave alzò lo sguardo verso l'autista, implorandolo silenziosamente di restare al passo.

Dave s-a uitat la șofer, implorându-l în tăcere să rămână pe șine.

L'autista era perplesso e non sapeva cosa fare per il cane in difficoltà.

Șoferul era nedumerit, neștiind ce să facă pentru câinele care se zbătea.

Gli altri uomini parlavano di cani morti perché li avevano portati fuori.

Ceilalți bărbați au vorbit despre câini care muriseră după ce fuseseră scoși afară.

Raccontavano di cani vecchi o feriti il cui cuore si era spezzato quando erano stati abbandonati.

Au povestit despre câini bătrâni sau răniți ale căror inimi li s-au frânt când au fost lăsați acasă.

Concordarono che era un atto di misericordia lasciare che Dave morisse mentre era ancora imbrigliato.

Au fost de acord că a fost o faptă milostivă să-l lase pe Dave să moară cât timp era încă în hamul său.

Fu rimesso in sicurezza sulla slitta e Dave tirò con orgoglio.

Fusese legat la loc de sanie, iar Dave trăgea cu mândrie.

Anche se a volte gridava, lavorava come se il dolore potesse essere ignorato.

Deși uneori țipa, lucra ca și cum durerea putea fi ignorată.

Più di una volta cadde e fu trascinato prima di rialzarsi.

De mai multe ori a căzut și a fost târât înainte de a se ridica din nou.

A un certo punto la slitta gli rotolò addosso e da quel momento in poi zoppicò.

Odată, sania s-a rostogolit peste el, iar din acel moment a șchiopătat.

Nonostante ciò, lavorò finché non raggiunse l'accampamento e poi si sdraiò accanto al fuoco.

Totuși, a lucrat până a ajuns în tabără, apoi a rămas întins lângă foc.

Al mattino Dave era troppo debole per muoversi o anche solo per stare in piedi.

Spre dimineață, Dave era prea slăbit ca să călătorească sau măcar să stea în picioare.

Al momento di allacciare l'imbracatura, cercò di raggiungere il suo autista con sforzi tremanti.

La ora de a-și lega hamurile, a încercat să ajungă la șoferul său cu un efort tremurând.

Si sforzò di rialzarsi, barcollò e crollò sul terreno innevato.

S-a ridicat cu forța, s-a clătinat și s-a prăbușit pe pământul înzăpezit.

Utilizzando le zampe anteriori, trascinò il suo corpo verso la zona dell'imbracatura.

Folosindu-și picioarele din față, și-a târât corpul spre zona de ham.

Si fece avanti, centimetro dopo centimetro, verso i cani da lavoro.

S-a îngrămădit înainte, centimetru cu centimetru, spre câinii de muncă.

Le forze gli cedettero, ma continuò a muoversi nel suo ultimo disperato tentativo.

Puterile i-au cedat, dar a continuat să meargă în ultima sa împingere disperată.

I suoi compagni di squadra lo videro ansimare nella neve, ancora desideroso di unirsi a loro.

Coechipierii lui l-au văzut gâfâind în zăpadă, încă dorind să li se alăture.

Lo sentirono urlare di dolore mentre si lasciavano alle spalle l'accampamento.

L-au auzit urlând de tristețe în timp ce părăseau tabăra.

Mentre la squadra svaniva tra gli alberi, il grido di Dave risuonava dietro di loro.

În timp ce echipa dispărea printre copaci, strigătul lui Dave a răsunat în spatele lor.

Il treno delle slitte si fermò brevemente dopo aver attraversato un tratto di fiume ricco di boschi.

Trenul de sanie s-a oprit scurt după ce a traversat o fâșie de pădure de râu.

Il meticcio scozzese tornò lentamente verso l'accampamento alle sue spalle.

Metișul scoțian se îndrepta încet spre tabăra din spate.

Gli uomini smisero di parlare quando lo videro scendere dal treno delle slitte.

Bărbații au încetat să vorbească când l-au văzut coborând din trenul de sanie.

Poi un singolo colpo di pistola risuonò chiaro e netto attraverso il sentiero.

Apoi, o singură împușcătură a răsunat clar și ascuțit pe potecă.

L'uomo tornò rapidamente e prese il suo posto senza dire una parola.

Bărbatul s-a întors repede și și-a ocupat locul fără un cuvânt.

Le fruste schioccavano, i campanelli tintinnavano e le slitte avanzavano sulla neve.

Biciurile pocneau, clopoții zăngăneau, iar săniile se rostogoleau mai departe prin zăpadă.

Ma Buck sapeva cosa era successo, come tutti gli altri cani.

Dar Buck știa ce se întâmplase – și la fel știau toți ceilalți câini.

La fatica delle redini e del sentiero
Truna hățurilor și a potecii

Trenta giorni dopo aver lasciato Dawson, la Salt Water Mail raggiunse Skaguay.
La treizeci de zile după ce a plecat din Dawson, Salt Water Mail a ajuns în Skaguay.

Buck e i suoi compagni di squadra presero il comando e arrivarono in condizioni pietose.
Buck și coechipierii săi au preluat conducerea, sosind într-o stare jalnică.

Buck era sceso da 140 a 150 chili.
Buck slăbise de la o sută patruzeci la o sută cincisprezece kilograme.

Gli altri cani, sebbene più piccoli, avevano perso ancora più peso corporeo.
Ceilalți câini, deși mai mici, slăbiseră și mai mult în greutate.

Pike, che una volta zoppicava fingendo, ora trascinava dietro di sé una gamba veramente ferita.
Pike, cândva un șchiopătator fals, trăgea acum după el un picior cu adevărat rănit.

Solleks zoppicava gravemente e Dub aveva una scapola slogata.
Solleks șchiopăta rău, iar Dub avea omoplatul rupt.

Tutti i cani del team avevano i piedi doloranti a causa delle settimane trascorse sul sentiero ghiacciato.
Fiecare câine din echipă avea dureri de picioare după săptămânile petrecute pe poteca înghețată.

Non avevano più slancio nei loro passi, solo un movimento lento e trascinato.
Nu mai aveau niciun fel de elasticitate în pașii lor, doar o mișcare lentă, târâtă.

I loro piedi colpivano il sentiero con forza e ogni passo aggiungeva ulteriore sforzo al loro corpo.
Picioarele lor ating calea puternic, fiecare pas adăugând și mai multă presiune asupra corpurilor lor.

Non erano malati, erano solo stremati oltre ogni possibile guarigione naturale.

Nu erau bolnavi, ci doar epuizați până la capătul oricărei vindecări naturale.

Non si trattava della stanchezza di una giornata faticosa, curata con una notte di riposo.

Aceasta nu era oboseală după o zi grea, vindecată cu o noapte de odihnă.

Era una stanchezza accumulata lentamente attraverso mesi di sforzi estenuanti.

Era o epuizare acumulată încetul cu încetul, de-a lungul lunilor de eforturi extenuante.

Non era rimasta alcuna riserva di forze: avevano esaurito ogni energia a loro disposizione.

Nu mai rămăseseră nicio rezervă de forțe — își consumaseră tot ce le mai rămăsese.

Ogni muscolo, fibra e cellula del loro corpo era consumato e usurato.

Fiecare mușchi, fibră și celulă din corpurile lor era epuizată și uzată.

E c'era un motivo: avevano percorso duemilacinquecento miglia.

Și exista un motiv – parcurseseră două mii cinci sute de mile.

Si erano riposati solo cinque giorni durante le ultime milleottocento miglia.

Se odihniseră doar cinci zile în ultimele opt sute de mile.

Quando giunsero a Skaguay, sembrava che riuscissero a malapena a stare in piedi.

Când au ajuns la Skaguay, păreau că abia se mai pot ține în picioare.

Facevano fatica a tenere le redini strette e a restare davanti alla slitta.

Se chinuiau să țină hățurile strânse și să rămână în fața saniei.

Nei pendii in discesa riuscivano solo a evitare di essere investiti.

Pe pantele de coborâre, au reușit doar să evite să fie călcați.

"Continuate a marciare, poveri piedi doloranti", disse l'autista mentre zoppicavano.

„Mărșăluiți mai departe, bietele picioare dureroase”, a spus șoferul în timp ce șchiopătau.

"Questo è l'ultimo tratto, poi ci prenderemo tutti un lungo riposo, di sicuro."

„Aceasta e ultima porțiune, apoi cu siguranță ne vom odihni cu toții mult.”

"Un riposo davvero lungo", promise, guardandoli barcollare in avanti.

„O odihnă cu adevărat lungă”, promise el, privindu-i cum se clătină înainte.

Gli autisti si aspettavano una lunga e necessaria pausa.

Șoferii se așteptau să aibă acum o pauză lungă și binemeritată.

Avevano percorso milleduecento miglia con solo due giorni di riposo.

Parcurseseră două sute două sute de mile, cu doar două zile de odihnă.

Per correttezza e ragione, ritenevano di essersi guadagnati un po' di tempo per rilassarsi.

Prin corectitudine și rațiune, au simțit că își câștigaseră timp să se relaxeze.

Ma troppi erano giunti nel Klondike e troppo pochi erano rimasti a casa.

Dar prea mulți veniseră în Klondike și prea puțini rămăseseră acasă.

Le lettere delle famiglie continuavano ad arrivare, creando pile di posta in ritardo.

Scrisorile de la familii au sosit în valuri, creând grămezi de corespondență întârziate.

Arrivarono gli ordini ufficiali: i nuovi cani della Hudson Bay avrebbero preso il sopravvento.

Au sosit ordinele oficiale — noi câini din Hudson Bay urmau să preia controlul.

I cani esausti, ormai considerati inutili, dovevano essere eliminati.

Câinii epuizați, numiți acum fără valoare, urmau să fie eliminați.

Poiché i soldi erano più importanti dei cani, venivano venduti a basso prezzo.

Întrucât banii contau mai mult decât câinii, urmau să fie vânduți ieftin.

Passarono altri tre giorni prima che i cani si accorgessero di quanto fossero deboli.

Au mai trecut trei zile până când câinii au simțit cât de slăbiți erau.

La quarta mattina, due uomini provenienti dagli Stati Uniti acquistarono l'intera squadra.

În a patra dimineață, doi bărbați din State au cumpărat întreaga echipă.

La vendita comprendeva tutti i cani e le loro imbracature usate.

Vânzarea a inclus toți câinii, plus hamurile lor uzate.

Mentre concludevano l'affare, gli uomini si chiamavano tra loro "Hal" e "Charles".

Bărbații și-au spus reciproc „Hal" și „Charles" în timp ce finalizau tranzacția.

Charles era un uomo di mezza età, pallido, con labbra molli e folti baffi.

Charles era de vârstă mijlocie, palid, cu buze flasce și vârfuri de mustață aprige.

Hal era un giovane, forse diciannove anni, che indossava una cintura imbottita di cartucce.

Hal era un tânăr, poate de nouăsprezece ani, purtând o centură umplută cu cartușe.

Nella cintura erano contenuti un grosso revolver e un coltello da caccia, entrambi inutilizzati.

Centura conținea un revolver mare și un cuțit de vânătoare, ambele nefolosite.

Dimostrava quanto fosse inesperto e inadatto alla vita nel Nord.

A arătat cât de lipsit de experiență și nepotrivit era pentru viața din nord.

Nessuno dei due uomini viveva in natura; la loro presenza sfidava ogni ragionevolezza.

Niciunul dintre ei nu avea locul în sălbăticie; prezența lor sfida orice rațiune.

Buck osservava lo scambio di denaro tra l'acquirente e l'agente.

Buck a privit cum banii se schimbau între cumpărător și agent.

Sapeva che i conducenti dei treni postali stavano abbandonando la sua vita come tutti gli altri.

Știa că mecanicii de locomotivă îi părăseau viața la fel ca toți ceilalți.

Seguirono Perrault e François, ormai scomparsi.

I-au urmat pe Perrault și François, acum dispăruți și fără nicio amintire.

Buck e la squadra vennero condotti al disordinato accampamento dei loro nuovi proprietari.

Buck și echipa au fost conduși în tabăra neglijentă a noilor lor proprietari.

La tenda cedeva, i piatti erano sporchi e tutto era in disordine.

Cortul era lăsat, vasele erau murdare și totul zăcea în dezordine.

Anche Buck notò una donna lì: Mercedes, moglie di Charles e sorella di Hal.

Buck a observat și o femeie acolo — Mercedes, soția lui Charles și sora lui Hal.

Formavano una famiglia completa, anche se erano tutt'altro che adatti al sentiero.

Alcătuiau o familie completă, deși departe de a fi potriviți pentru traseu.

Buck osservava nervosamente mentre il trio iniziava a impacchettare le provviste.

Buck i-a privit nervos pe cei trei cum începeau să împacheteze proviziile.

Lavoravano duro ma senza ordine, solo confusione e sforzi sprecati.

Au muncit din greu, dar fără ordine – doar agitație și efort irosit.

La tenda era arrotolata fino a formare una sagoma ingombrante, decisamente troppo grande per la slitta.

Cortul a fost rulat într-o formă voluminoasă, mult prea mare pentru sanie.

I piatti sporchi venivano imballati senza essere stati né lavati né asciugati.

Vasele murdare erau împachetate fără a fi spălate sau uscate deloc.

Mercedes svolazzava in giro, parlando, correggendo e intromettendosi in continuazione.

Mercedes se foia de colo-colo, vorbind, corectând și amestecându-se întruna.

Quando le misero un sacco davanti, lei insistette perché lo mettesse dietro.

Când i-a fost pus un sac în față, ea a insistat să fie pus în spate.

Mise il sacco in fondo e un attimo dopo ne ebbe bisogno.

A împachetat sacul jos și în clipa următoare a avut nevoie de el.

Quindi la slitta venne disimballata di nuovo per raggiungere quella specifica borsa.

Așa că sania a fost despachetată din nou pentru a ajunge la geanta specifică.

Lì vicino, tre uomini stavano fuori da una tenda e osservavano la scena che si svolgeva.

În apropiere, trei bărbați stăteau în fața unui cort, privind desfășurarea scenei.

Sorrisero, ammiccarono e sogghignarono di fronte all'evidente confusione dei nuovi arrivati.

Au zâmbit, au făcut cu ochiul și au rânjit la vederea nedumeririi evidente a nou-veniților.

"Hai già un carico parecchio pesante", disse uno degli uomini.

„Ai deja o încărcătură foarte grea", a spus unul dintre bărbați.

"Non credo che dovresti portare quella tenda, ma la scelta è tua."

„Nu cred că ar trebui să cari cortul acela, dar e alegerea ta."

"Impensabile!" esclamò Mercedes, alzando le mani in segno di disperazione.

„Niciodată!", a strigat Mercedes, ridicând mâinile în semn de disperare.

"Come potrei viaggiare senza una tenda sotto cui dormire?"

„Cum aș putea călători fără un cort sub care să stau?"

«È primavera, non vedrai più il freddo», rispose l'uomo.

„E primăvară — nu veți mai vedea vreme rece", a răspuns bărbatul.

Ma lei scosse la testa e loro continuarono ad accumulare oggetti sulla slitta.

Dar ea clătină din cap, iar ei continuau să îngrămădească obiecte pe sanie.

Il carico era pericolosamente alto mentre aggiungevano gli ultimi oggetti.

Încărcătura se înălța periculos de sus în timp ce adăugau ultimele lucruri.

"Pensi che la slitta andrà avanti?" chiese uno degli uomini con aria scettica.

„Crezi că sania va merge?" a întrebat unul dintre bărbați cu o privire sceptică.

"E perché non dovrebbe?" ribatté Charles con netto fastidio.

„De ce n-ar trebui?", a replicat Charles tăios, cu o iritare ascuțită.

"Oh, va bene", disse rapidamente l'uomo, evitando di offendersi.

„O, e-n regulă", spuse bărbatul repede, dându-se înapoi pentru a nu se simți ofensat.

"Mi chiedevo solo: mi sembrava un po' troppo pesante nella parte superiore."

„Mă întrebam doar — mie mi s-a părut pur și simplu puțin prea greu în partea de sus."

Charles si voltò e legò il carico meglio che poté.

Charles s-a întors și a legat încărcătura cât de bine a putut.

Ma le legature erano allentate e l'imballaggio nel complesso era fatto male.

Dar legăturile erau slăbite, iar ambalajul era prost făcut per total.

"Certo, i cani tireranno così tutto il giorno", disse sarcasticamente un altro uomo.

„Sigur, câinii vor trage de asta toată ziua", a spus sarcastic un alt bărbat.

«Certamente», rispose Hal freddamente, afferrando il lungo timone della slitta.

— Desigur, răspunse Hal rece, apucând bara lungă de ancorare a saniei.

Tenendo una mano sul palo, faceva roteare la frusta nell'altra.

Cu o mână pe prăjină, lovea biciul în cealaltă.

"Andiamo!" urlò. "Muovetevi!", incitando i cani a partire.

„Hai să mergem!", a strigat el. „Mișcați-o!", îndemnându-i pe câini să pornească.

I cani si appoggiarono all'imbracatura e si sforzarono per qualche istante.

Câinii s-au aplecat în ham și s-au încordat câteva clipe.

Poi si fermarono, incapaci di spostare di un centimetro la slitta sovraccarica.

Apoi s-au oprit, incapabili să miște sania supraîncărcată nici măcar un centimetru.

"Quei fannulloni!" urlò Hal, alzando la frusta per colpirli.

„Brutele leneșe!" a strigat Hal, ridicând biciul să-i lovească.

Ma Mercedes si precipitò dentro e strappò la frusta dalle mani di Hal.

Dar Mercedes s-a repezit înăuntru și i-a luat biciul din mâini lui Hal.

«Oh, Hal, non osare far loro del male», gridò allarmata.

„O, Hal, nu îndrăzni să le faci rău!", a strigat ea alarmată.

"Promettimi che sarai gentile con loro, altrimenti non farò un altro passo."

„Promite-mi că vei fi amabil cu ei, altfel nu voi mai face niciun pas."

"Non sai niente di cani", scattò Hal contro la sorella.

„Habar n-ai despre câini", i-a răspuns Hal surorii sale.

"Sono pigri e l'unico modo per smuoverli è frustarli."

„Sunt leneşi şi singura modalitate de a-i mişca este să-i biciuieşti."

"Chiedi a chiunque, chiedi a uno di quegli uomini laggiù se dubiti di me."

„Întreabă pe oricine – întreabă pe unul dintre oamenii aceia de acolo dacă te îndoieşti de mine."

Mercedes guardò gli astanti con occhi imploranti e pieni di lacrime.

Mercedes se uita la privitori cu ochi rugători şi în lacrimi.

Il suo viso rivelava quanto odiasse la vista di qualsiasi dolore.

Faţa ei citea cât de profund ura vederea oricărei dureri.

"Sono deboli, tutto qui", ha detto un uomo. "Sono sfiniti."

„Sunt slabi, asta e tot", a spus un bărbat. „Sunt epuizaţi."

"Hanno bisogno di riposare: hanno lavorato troppo a lungo senza una pausa."

„Au nevoie de odihnă — au fost munciţi prea mult timp fără pauză."

«Che il resto sia maledetto», borbottò Hal arricciando il labbro.

„Blestem să fie odihnă în pace", mormăi Hal cu buza strâmbă.

Mercedes sussultò, visibilmente addolorata per le parole volgari pronunciate da lui.

Mercedes a gâfâit, evident dureroasă de cuvântul vulgar rostit de el.

Ciononostante, lei rimase leale e difese immediatamente il fratello.

Totuşi, ea a rămas loială şi şi-a apărat imediat fratele.

"Non badare a quell'uomo", disse ad Hal. "Sono i nostri cani."

„Nu-l lua în seamă pe omul ăla", i-a spus ea lui Hal. „Sunt câinii noştri."

"Li guidi come meglio credi: fai ciò che ritieni giusto."

„Le conduci cum consideri de cuviinţă – fă ce crezi că e corect."

Hal sollevò la frusta e colpì di nuovo i cani senza pietà.

Hal a ridicat biciul și a lovit din nou câinii fără milă.

Si lanciarono in avanti, con i corpi bassi e i piedi che affondavano nella neve.

S-au năpustit înainte, cu corpurile joase, cu picioarele înfipte în zăpadă.

Tutta la loro forza era concentrata nel traino, ma la slitta non si muoveva.

Toată puterea lor s-a îndreptat spre tragere, dar sania nu se mișca.

La slitta rimase bloccata, come un'ancora congelata nella neve compatta.

Sania a rămas blocată, ca o ancoră înghețată în zăpada batată.

Dopo un secondo tentativo, i cani si fermarono di nuovo, ansimando forte.

După un al doilea efort, câinii s-au oprit din nou, gâfâind greu.

Hal sollevò di nuovo la frusta, proprio mentre Mercedes interferiva di nuovo.

Hal a ridicat din nou biciul, exact când Mercedes a intervenit din nou.

Si lasciò cadere in ginocchio davanti a Buck e gli abbracciò il collo.

Ea a căzut în genunchi în fața lui Buck și l-a îmbrățișat.

Le lacrime le riempivano gli occhi mentre implorava il cane esausto.

Lacrimile i s-au umplut de lacrimi în timp ce îl implora pe câinele epuizat.

"Poveri cari", disse, "perché non tirate più forte?"

„Săracii de voi", a spus ea, „de ce nu trageți mai tare?"

"Se tiri, non verrai frustato così."

„Dacă tragi, atunci n-o să fii biciuit așa."

A Buck non piaceva Mercedes, ma ormai era troppo stanco per resisterle.

Buck nu o iubea pe Mercedes, dar era prea obosit ca să-i mai reziste acum.

Lui accettò le sue lacrime come se fossero solo un'altra parte di quella giornata miserabile.

El a acceptat lacrimile ei ca pe doar încă o parte a zilei mizerabile.

Uno degli uomini che osservavano, dopo aver represso la rabbia, finalmente parlò.

Unul dintre bărbații care priveau a vorbit în sfârșit, după ce și-a stăpânit furia.

"Non mi interessa cosa succede a voi, ma quei cani sono importanti."

„Nu-mi pasă ce se întâmplă cu voi, oameni buni, dar câinii aceia contează.”

"Se vuoi aiutare, stacca quella slitta: è ghiacciata e innevata."

„Dacă vrei să ajuți, dezlănțuie sania aia — e înghețată până la zăpadă.”

"Spingi con forza il palo della luce, a destra e a sinistra, e rompi il sigillo di ghiaccio."

„Apăsați tare pe stâlp, la dreapta și la stânga, și rupeți sigiliul de gheață.”

Fu fatto un terzo tentativo, questa volta seguendo il suggerimento dell'uomo.

S-a făcut o a treia încercare, de data aceasta urmând sugestia bărbatului.

Hal fece oscillare la slitta da una parte all'altra, facendo staccare i pattini.

Hal a legănat sania dintr-o parte în alta, desprinzând glisierele.

La slitta, benché sovraccarica e scomoda, alla fine sobbalzò in avanti.

Sania, deși supraîncărcată și stângace, în cele din urmă s-a clătinat înainte.

Buck e gli altri tirarono selvaggiamente, spinti da una tempesta di frustate.

Buck și ceilalți trăgeau nebunește, împinși de o furtună de lovituri de bici.

Un centinaio di metri più avanti, il sentiero curvava e scendeva in pendenza verso la strada.

La o sută de metri mai în față, poteca se curba și cobora în pantă în stradă.

Ci sarebbe voluto un guidatore esperto per tenere la slitta in posizione verticale.

Ar fi fost nevoie de un șofer priceput ca să țină sania în poziție verticală.

Hal non era abile e la slitta si ribaltò mentre svoltava.

Hal nu era priceput, iar sania s-a răsturnat când a luat-o după curbă.

Le cinghie allentate cedettero e metà del carico si rovesciò sulla neve.

Legurile slăbite au cedat, iar jumătate din încărcătură s-a vărsat pe zăpadă.

I cani non si fermarono; la slitta più leggera continuò a procedere su un fianco.

Câinii nu s-au oprit; sania mai ușoară zbura pe o parte.

I cani, furiosi per i maltrattamenti e per il peso del carico, corsero più veloci.

Furioși din cauza abuzurilor și a poverii grele, câinii au alergat mai repede.

Buck, infuriato, si lanciò a correre, seguito dalla squadra.

Buck, furios, a început să alerge, urmat de echipă.

Hal urlò "Whoa! Whoa!" ma la squadra non gli prestò attenzione.

Hal a strigat „Uau! Uau!", dar echipa nu l-a băgat în seamă.

Inciampò, cadde e fu trascinato a terra dall'imbracatura.

S-a împiedicat, a căzut și a fost târât pe pământ de ham.

La slitta rovesciata lo travolse mentre i cani continuavano a correre avanti.

Sania răsturnată s-a lovit de el în timp ce câinii goneau înainte.

Il resto delle provviste è sparso lungo la trafficata strada di Skaguay.

Restul proviziilor împrăștiate pe strada aglomerată din Skaguay.

Le persone di buon cuore si precipitarono a fermare i cani e a raccogliere l'attrezzatura.

Oameni buni la suflet s-au grăbit să oprească câinii și să adune echipamentul.

Diedero anche consigli schietti e pratici ai nuovi viaggiatori.

De asemenea, le-au dat sfaturi, directe și practice, noilor
călători.

**"Se vuoi raggiungere Dawson, prendi metà del carico e
raddoppia i cani."**

„Dacă vrei să ajungi la Dawson, ia jumătate din încărcătură și
dublează numărul de câini."

**Hal, Charles e Mercedes ascoltarono, anche se non con
entusiasmo.**

Hal, Charles și Mercedes au ascultat, deși nu cu entuziasm.

**Montarono la tenda e cominciarono a sistemare le loro
provviste.**

Și-au instalat cortul și au început să-și sorteze proviziile.

**Ne uscirono dei cibi in scatola, che fecero ridere a crepapelle
gli astanti.**

Au ieșit conserve, ceea ce i-a făcut pe spectatori să râdă în
hohote.

**"Roba in scatola sul sentiero? Morirai di fame prima che si
sciolga", disse uno.**

„Conserve pe potecă? O să mori de foame înainte să se
topească alea", a spus unul.

"Coperte d'albergo? Meglio buttarle via tutte."

„Pături de hotel? Mai bine le arunci pe toate."

"Togli anche la tenda e qui nessuno laverà più i piatti."

„Aruncă și cortul, și nimeni nu spală vase aici."

**"Pensi di viaggiare su un treno Pullman con dei servitori a
bordo?"**

„Crezi că mergi într-un tren Pullman cu servitori la bord?"

**Il processo ebbe inizio: ogni oggetto inutile venne gettato da
parte.**

Procesul a început — fiecare obiect inutil a fost aruncat
deoparte.

**Mercedes pianse quando le sue borse furono svuotate sul
terreno innevato.**

Mercedes a plâns când genţile ei au fost golite pe pământul
înzăpezit.

**Singhiozzava per ogni oggetto buttato via, uno per uno,
senza sosta.**

A plâns fără pauză pentru fiecare obiect aruncat, unul câte unul.

Giurò di non fare un altro passo, nemmeno per dieci Charles.

Ea a jurat să nu mai facă niciun pas — nici măcar pentru zece Charles-uri.

Pregò ogni persona vicina di lasciarle conservare le sue cose preziose.

Ea a implorat fiecare persoană din apropiere să o lase să-și păstreze lucrurile prețioase.

Alla fine si asciugò gli occhi e cominciò a gettare via anche i vestiti più importanti.

În cele din urmă, și-a șters ochii și a început să arunce chiar și hainele esențiale.

Una volta terminato il suo, cominciò a svuotare le scorte degli uomini.

Când a terminat cu ale ei, a început să golească proviziile bărbaților.

Come un turbine, fece a pezzi gli effetti personali di Charles e Hal.

Ca un vârtej, a sfâșiat lucrurile lui Charles și ale lui Hal.

Sebbene il carico fosse dimezzato, era comunque molto più pesante del necessario.

Deși încărcătura fusese înjumătățită, era totuși mult mai grea decât era necesar.

Quella notte, Charles e Hal uscirono e comprarono sei nuovi cani.

În seara aceea, Charles și Hal au ieșit și au cumpărat șase câini noi.

Questi nuovi cani si unirono ai sei originali, più Teek e Koona.

Acești câini noi s-au alăturat celor șase originali, plus Teek și Koona.

Insieme formarono una squadra di quattordici cani attaccati alla slitta.

Împreună au format o pereche de paisprezece câini înhămați de sanie.

Ma i nuovi cani erano inadatti e poco addestrati per il lavoro con la slitta.

Dar noii câini erau nepotriviți și prost dresați pentru lucrul cu sania.

Tre dei cani erano cani da caccia a pelo corto, mentre uno era un Terranova.

Trei dintre câini erau pointer cu păr scurt, iar unul era un Newfoundland.

Gli ultimi due cani erano meticci senza alcuna razza o scopo ben definito.

Ultimii doi câini erau câini metiși, fără o rasă sau un scop clar.

Non capivano il percorso e non lo imparavano in fretta.

Nu au înțeles poteca și nu au învățat-o repede.

Buck e i suoi compagni li osservavano con disprezzo e profonda irritazione.

Buck și tovarășii săi îi priveau cu dispreț și profundă iritare.

Sebbene Buck insegnasse loro cosa non fare, non poteva insegnare loro il dovere.

Deși Buck i-a învățat ce să nu facă, nu putea să-i învețe ce înseamnă datoria.

Non amavano la vita sui sentieri né la trazione delle redini e delle slitte.

Nu s-au adaptat bine la viața de drumeție sau la tragerea hățurilor și a săniilor.

Soltanto i bastardi cercarono di adattarsi, e anche a loro mancava lo spirito combattivo.

Doar corciturile au încercat să se adapteze și chiar și lor le-a lipsit spiritul de luptă.

Gli altri cani erano confusi, indeboliti e distrutti dalla loro nuova vita.

Ceilalți câini erau confuzi, slăbiți și distruși de noua lor viață.

Con i nuovi cani all'oscuro e i vecchi esausti, la speranza era flebile.

Cu câinii noi neștiutori și cei vechi epuizați, speranța era slabă.

La squadra di Buck aveva percorso duemilacinquecento miglia di sentiero accidentato.

Echipa lui Buck parcursese două mii cinci sute de mile de
potecă accidentată.

**Ciononostante, i due uomini erano allegri e orgogliosi della
loro grande squadra di cani.**

Totuși, cei doi bărbați erau veseli și mândri de marele lor
acompaniament de câini.

**Pensavano di viaggiare con stile, con quattordici cani al
seguito.**

Credeau că călătoresc cu stil, cu paisprezece câini însoțiți.

**Avevano visto delle slitte partire per Dawson e altre
arrivarne.**

Văzuseră sănii plecând spre Dawson și altele sosind de acolo.

**Ma non ne avevano mai vista una trainata da ben quattordici
cani.**

Dar niciodată nu văzuseră unul tras de paisprezece câini.

**C'era un motivo per cui squadre del genere erano rare nelle
terre selvagge dell'Artico.**

Exista un motiv pentru care astfel de echipe erau rare în
sălbăticia arctică.

**Nessuna slitta poteva trasportare cibo sufficiente a sfamare
quattordici cani per l'intero viaggio.**

Nicio sanie nu putea căra suficientă mâncare pentru a hrăni
paisprezece câini pe parcursul călătoriei.

Ma Charles e Hal non lo sapevano: avevano fatto i calcoli.

Dar Charles și Hal nu știau asta – făcuseră calculele.

**Hanno pianificato la razione di cibo: una certa quantità per
cane, per un certo numero di giorni, fatta.**

Au desenat mâncarea cu creionul: atât de multă per câine,
atâtea zile, gata.

Mercedes guardò i numeri e annuì come se avessero senso.

Mercedes s-a uitat la cifrele lor și a dat din cap ca și cum ar fi
avut sens.

Tutto le sembrava molto semplice, almeno sulla carta.

Totul i se părea foarte simplu, cel puțin pe hârtie.

**La mattina seguente, Buck guidò lentamente la squadra
lungo la strada innevata.**

A doua zi dimineață, Buck a condus echipa încet pe strada
înzăpezită.

Non c'era né energia né spirito in lui e nei cani dietro di lui.

Nu avea nicio energie sau spirit în el, nici în câinii din spatele
lui.

Erano stanchi morti fin dall'inizio: non avevano più riserve.

Erau morți de oboseală de la început — nu mai rămăseseră
rezerve.

Buck aveva già fatto quattro viaggi tra Salt Water e Dawson.

Buck făcuse deja patru călătorii între Salt Water și Dawson.

**Ora, di fronte alla stessa pista, non provava altro che
amarezza.**

Acum, confruntat din nou cu aceeași potecă, nu simțea decât
amărăciune.

Il suo cuore non c'era, e nemmeno quello degli altri cani.

Inima lui nu era în asta, nici inimile celorlalți câini.

**I nuovi cani erano timidi e gli husky non si fidavano per
niente.**

Noii câini erau timizi, iar husky-ii nu aveau deloc încredere.

**Buck capì che non poteva fare affidamento su quei due
uomini o sulla loro sorella.**

Buck simțea că nu se putea baza pe acești doi bărbați sau pe
sora lor.

**Non sapevano nulla e non mostravano alcun segno di
apprendimento lungo il percorso.**

Nu știau nimic și nu dădeau semne că ar învăța pe drum.

Erano disorganizzati e privi di qualsiasi senso di disciplina.

Erau dezorganizați și lipsiți de orice simț al disciplinei.

**Ogni volta impiegavano metà della notte per allestire un
accampamento malmesso.**

De fiecare dată le lua jumătate de noapte să instaleze o tabără
neîngrijită.

**E metà della mattina successiva la trascorsero di nuovo
armeggiando con la slitta.**

Și jumătate din dimineața următoare au petrecut-o din nou
bâlbâind cu sania.

Spesso a mezzogiorno si fermavano solo per sistemare il carico irregolare.

Până la prânz, se opreau adesea doar ca să repare încărcătura neuniformă.

In alcuni giorni percorsero meno di dieci miglia in totale.

În unele zile, au parcurs mai puțin de zece mile în total.

Altri giorni non riuscivano proprio ad abbandonare l'accampamento.

În alte zile, nu au reușit să părăsească deloc tabăra.

Non sono mai riusciti a coprire la distanza alimentare prevista.

Niciodată nu au fost aproape de a acoperi distanța alimentară planificată.

Come previsto, il cibo per i cani finì molto presto.

Așa cum era de așteptat, au rămas foarte repede fără mâncare pentru câini.

Nei primi tempi hanno peggiorato ulteriormente la situazione con l'eccesso di cibo.

Au înrăutățit lucrurile prin suprahrănirea din primele zile.

Ciò rendeva la carestia sempre più vicina, con ogni razione disattenta.

Aceasta a adus foametea mai aproape cu fiecare rație neglijentă.

I nuovi cani non avevano ancora imparato a sopravvivere con molto poco.

Noii câini nu învățaseră să supraviețuiască cu foarte puțin.

Mangiarono avidamente, con un appetito troppo grande per il sentiero.

Au mâncat cu poftă, cu o poftă prea mare pentru drum.

Vedendo i cani indebolirsi, Hal pensò che il cibo non fosse sufficiente.

Văzând câinii slăbind, Hal a crezut că mâncarea nu era suficientă.

Raddoppiò le razioni, peggiorando ulteriormente l'errore.

A dublat rațiile, ceea ce a agravat și mai mult greșeala.

Mercedes aggravò il problema con le sue lacrime e le sue suppliche sommesse.

Mercedes a agravat problema cu lacrimi și rugăminți blânde.

Quando non riuscì a convincere Hal, diede da mangiare ai cani di nascosto.

Când nu l-a putut convinge pe Hal, i-a hrănit pe câini în secret.

Rubò il pesce dai sacchi e glielo diede alle spalle.

Ea a furat din sacii cu pește și li l-a dat pe la spatele lui.

Ma ciò di cui i cani avevano veramente bisogno non era altro cibo: era riposo.

Dar ceea ce aveau cu adevărat nevoie câinii nu era mai multă mâncare, ci odihnă.

Nonostante la loro scarsa velocità, la pesante slitta continuava a procedere.

Mergeau prost, dar sania grea încă se târa înainte.

Quel peso da solo esauriva ogni giorno le loro forze rimanenti.

Numai acea greutate le consuma zilnic puterile rămase.

Poi arrivò la fase della sottoalimentazione, quando le scorte scarseggiavano.

Apoi a venit etapa de subhrănire, pe măsură ce proviziile se epuizau.

Una mattina Hal si accorse che metà del cibo per cani era già finito.

Într-o dimineață, Hal și-a dat seama că jumătate din mâncarea pentru câini dispăruse deja.

Avevano percorso solo un quarto della distanza totale del sentiero.

Parcurseseră doar un sfert din distanța totală a traseului.

Non si poteva più comprare cibo, a qualunque prezzo.

Nu se mai putea cumpăra mâncare, indiferent de prețul oferit.

Ridusse le porzioni dei cani al di sotto della razione giornaliera standard.

A redus porțiile câinilor sub rația zilnică standard.

Allo stesso tempo, chiese di viaggiare più a lungo per compensare la perdita.

În același timp, a cerut călătorii mai lungi pentru a compensa pierderile.

Mercedes e Charles appoggiarono questo piano, ma fallirono nella sua realizzazione.

Mercedes și Charles au susținut acest plan, dar au eșuat în punerea în aplicare.

La loro pesante slitta e la mancanza di abilità rendevano il progresso quasi impossibile.

Sania lor grea și lipsa de îndemânare făceau progresul aproape imposibil.

Era facile dare meno cibo, ma impossibile forzare uno sforzo maggiore.

Era ușor să dai mai puțină mâncare, dar imposibil să forțezi mai mult efort.

Non potevano partire prima, né viaggiare per ore extra.

Nu puteau începe devreme și nici nu puteau călători ore suplimentare.

Non sapevano come gestire i cani, e nemmeno loro stessi, a dire il vero.

Nu știau cum să lucreze cu câinii, nici pe ei înșiși, de altfel.

Il primo cane a morire fu Dub, lo sfortunato ma laborioso ladro.

Primul câine care a murit a fost Dub, hoțul ghinionist, dar harnic.

Sebbene spesso punito, Dub aveva fatto la sua parte senza lamentarsi.

Deși adesea pedepsit, Dub își făcuse treaba fără să se plângă.

La sua spalla ferita peggiorò se non ricevette cure adeguate e non ebbe bisogno di riposo.

Umărul său rănit s-a agravat fără îngrijire și fără a avea nevoie de odihnă.

Alla fine, Hal usò la pistola per porre fine alle sofferenze di Dub.

În cele din urmă, Hal a folosit revolverul pentru a pune capăt suferinței lui Dub.

Un detto comune afferma che i cani normali muoiono se vengono nutriti con razioni di husky.

O zicală populară susținea că câinii normali mor cu rații de hrană pentru husky.

I sei nuovi compagni di Buck avevano ricevuto solo metà della quota di cibo riservata all'husky.

Cei şase noi tovarăşi ai lui Buck aveau doar jumătate din porţia de mâncare a husky-ului.

Il Terranova morì per primo, seguito dai tre cani da caccia a pelo corto.

Newfoundlandul a murit primul, apoi cei trei pointeri cu păr scurt.

I due bastardi resistettero più a lungo ma alla fine morirono come gli altri.

Cei doi corcituri au rezistat mai mult timp, dar în cele din urmă au pierit ca şi ceilalţi.

Ormai tutti i comfort e la gentilezza del Southland erano scomparsi.

În acest moment, toate facilităţile şi blândeţea din Southland dispăruseră.

Le tre persone avevano perso le ultime tracce della loro educazione civile.

Cele trei persoane lepădaseră ultimele urme ale educaţiei lor civilizate.

Spogliato di glamour e romanticismo, il viaggio nell'Artico è diventato brutalmente reale.

Lipsite de strălucire şi romantism, călătoriile arctice au devenit brutal de reale.

Era una realtà troppo dura per il loro senso di virilità e femminilità.

Era o realitate prea dură pentru simţul lor de masculinitate şi feminitate.

Mercedes non piangeva più per i cani, ma piangeva solo per se stessa.

Mercedes nu mai plângea pentru câini, ci acum plângea doar pentru ea însăşi.

Trascorreva il tempo piangendo e litigando con Hal e Charles.

Îşi petrecea timpul plângând şi certându-se cu Hal şi Charles.

Litigare era l'unica cosa per cui non si stancavano mai.

Certurile erau singurul lucru pentru care nu erau niciodată
prea obosiți.

**La loro irritabilità derivava dalla miseria, cresceva con essa e
la superava.**

Iritabilitatea lor provenea din nefericire, creștea odată cu ea și
o depășea.

**La pazienza del cammino, nota a coloro che faticano e
soffrono con generosità, non è mai arrivata.**

Răbdarea drumului, cunoscută celor care trudesc și suferă cu
bunătate, nu a venit niciodată.

**Quella pazienza che rende dolce la parola nonostante il
dolore, era a loro sconosciuta.**

Acea răbdare, care menține vorbirea dulce prin durere, le era
necunoscută.

**Non avevano alcun briciolo di pazienza, nessuna forza
derivante dalla sofferenza con grazia.**

Nu aveau nicio urmă de răbdare, nicio putere trăgându-se din
suferința cu har.

**Erano irrigiditi dal dolore: dolori nei muscoli, nelle ossa e
nel cuore.**

Erau înțepeniți de durere — îi dureau mușchii, oasele și inima.

**Per questo motivo, divennero taglienti nella lingua e pronti
a pronunciare parole dure.**

Din această cauză, au devenit ascuțiți la limbă și rapizi la
cuvinte aspre.

**Ogni giorno iniziava e finiva con voci arrabbiate e lamentele
amare.**

Fiecare zi începea și se termina cu voci furioase și plângeri
amare.

**Charles e Hal litigavano ogni volta che Mercedes ne dava
loro l'occasione.**

Charles și Hal se certau ori de câte ori Mercedes le oferea o
șansă.

Ogni uomo credeva di aver fatto più del dovuto.

Fiecare om credea că a făcut mai mult decât partea sa
echitabilă de muncă.

Nessuno dei due ha mai perso l'occasione di dirlo, ancora e ancora.

Niciunul nu a ratat vreodată ocazia să spună asta, iar și iar.

A volte Mercedes si schierava con Charles, a volte con Hal.

Uneori, Mercedes era de partea lui Charles, alteori cu Hal.

Ciò portò a una grande e infinita lite tra i tre.

Aceasta a dus la o ceartă mare și nesfârșită între cei trei.

La disputa su chi dovesse tagliare la legna da ardere divenne incontrollabile.

O dispută despre cine ar trebui să taie lemne de foc a scăpat de sub control.

Ben presto vennero nominati padri, madri, cugini e parenti defunti.

Curând, au fost numiți tații, mamele, verii și rudele decedate.

Le opinioni di Hal sull'arte o sulle opere teatrali di suo zio divennero parte della lotta.

Părerile lui Hal despre artă sau piesele de teatru ale unchiului său au devenit parte a luptei.

Anche le convinzioni politiche di Carlo entrarono nel dibattito.

Convingerile politice ale lui Charles au intrat și ele în dezbatere.

Per Mercedes, perfino i pettegolezzi della sorella del marito sembravano rilevanti.

Pentru Mercedes, chiar și bârfele surorii soțului ei i se păreau relevante.

Espresse la sua opinione su questo e su molti dei difetti della famiglia di Charles.

Ea și-a exprimat opiniile despre asta și despre multe dintre defectele familiei lui Charles.

Mentre discutevano, il fuoco rimase spento e l'accampamento mezzo allestito.

În timp ce se certau, focul a rămas stins și tabăra pe jumătate așezată.

Nel frattempo i cani erano rimasti infreddoliti e senza cibo.

Între timp, câinii au rămas înghețați și fără mâncare.

Mercedes nutriva un risentimento che considerava profondamente personale.

Mercedes avea o nemulțumire pe care o considera profund personală.

Si sentiva maltrattata in quanto donna e le venivano negati i suoi gentili privilegi.

S-a simțit maltratată ca femeie, privată de privilegiile ei blânde.

Era carina e gentile, e per tutta la vita era stata abituata alla cavalleria.

Era drăguță și blândă și obișnuită cu cavalerismul toată viața.

Ma suo marito e suo fratello ora la trattavano con impazienza.

Dar soțul și fratele ei o tratau acum cu nerăbdare.

Aveva l'abitudine di comportarsi in modo impotente e loro cominciarono a lamentarsi.

Obiceiul ei era să se comporte ca și cum ar fi fost neajutorată, iar ei au început să se plângă.

Offesa da ciò, rese loro la vita ancora più difficile.

Jignită de acest lucru, le-a făcut viața cu atât mai dificilă.

Ignorò i cani e insistette per guidare lei stessa la slitta.

Ea i-a ignorat pe câini și a insistat să se plimbe ea însăși cu sania.

Sebbene sembrasse esile, pesava centoventi libbre (circa quaranta chili).

Deși era ușoară la înfățișare, cântărea o sută douăzeci de kilograme.

Quel peso aggiuntivo era troppo per i cani affamati e deboli.

Aceea povară suplimentară era prea grea pentru câinii înfometați și slabi.

Nonostante ciò, continuò a cavalcare per giorni, finché i cani non crollarono nelle redini.

Totuși, a călărit zile întregi, până când câinii s-au prăbușit în frâie.

La slitta si fermò e Charles e Hal la implorarono di proseguire a piedi.

Sania s-a oprit, iar Charles și Hal au implorat-o să meargă.

Loro la implorarono e la scongiurarono, ma lei pianse e li definì crudeli.

Ei au implorat și au implorat, dar ea a plâns și i-a numit cruzi.

In un'occasione, la tirarono giù dalla slitta con pura forza e rabbia.

Odată, au tras-o jos de pe sanie cu forță și furie.

Dopo quello che accadde quella volta non ci riprovarono più.

Nu au mai încercat niciodată după ce s-a întâmplat atunci.

Si accasciò come una bambina viziata e si sedette nella neve.

A rămas moale ca un copil răsfățat și a așezat în zăpadă.

Continuarono a muoversi, ma lei si rifiutò di alzarsi o di seguirli.

Au pornit mai departe, dar ea a refuzat să se ridice sau să-i urmeze.

Dopo tre miglia si fermarono, tornarono indietro e la riportarono indietro.

După cinci kilometri, s-au oprit, s-au întors și au dus-o înapoi.

La ricaricarono sulla slitta, usando ancora una volta la forza bruta.

Au reîncărcat-o pe sanie, folosind din nou forța brută.

Nella loro profonda miseria, erano insensibili alla sofferenza dei cani.

În profunda lor nefericire, erau insensibili la suferința câinilor.

Hal credeva che fosse necessario indurirsi e impose questa convinzione agli altri.

Hal credea că trebuie să te călești și le impune altora această convingere.

Inizialmente ha cercato di predicare la sua filosofia a sua sorella

A încercat mai întâi să-i predice filozofia surorii sale

e poi, senza successo, predicò al cognato.

și apoi, fără succes, i-a predicat cumnatului său.

Ebbe più successo con i cani, ma solo perché li ferì.

A avut mai mult succes cu câinii, dar numai pentru că i-a rănit.

Da Five Fingers, il cibo per cani è rimasto completamente vuoto.

La Five Fingers, hrana pentru câini a rămas complet fără mâncare.

Una vecchia squaw sdentata vendette qualche chilo di pelle di cavallo congelata

O indiancă bătrână fără dinți a vândut câteva kilograme de piele de cal congelată

Hal scambiò la sua pistola con la pelle di cavallo secca.

Hal și-a schimbat revolverul pe pielea uscată de cal.

La carne proveniva dai cavalli affamati di allevatori di bovini, morti mesi prima.

Carnea provenise de la caii înfometați ai crescătorilor de vite cu luni în urmă.

Congelata, la pelle era come ferro zincato: dura e immangiabile.

Înghețată, pielea arăta ca fierul galvanizat; dură și necomestibilă.

Per riuscire a mangiarla, i cani dovevano masticare la pelle senza sosta.

Câinii trebuiau să mestece pielea la nesfârșit ca să o mănânce.

Ma le corde coriacee e i peli corti non erano certo un nutrimento.

Dar șnururile pieleoase și părul scurt nu erau deloc hrănitor.

La maggior parte della pelle era irritante e non era cibo in senso stretto.

Cea mai mare parte a pielii era iritantă și nu era mâncare în adevăratul sens al cuvântului.

E nonostante tutto, Buck barcollava davanti a tutti, come in un incubo.

Și, în tot acest timp, Buck se clătina în față, ca într-un coșmar.

Quando poteva, tirava; quando non poteva, restava lì finché non veniva sollevato dalla frusta o dal bastone.

Tragea când putea; când nu putea, zăcea până când îl ridicau cu biciul sau bâta.

Il suo pelo fine e lucido aveva perso tutta la rigidità e la lucentezza di un tempo.

Blana lui fină şi lucioasă îşi pierduse toată rigiditatea şi luciul
pe care le avusese odinioară.

**I suoi capelli erano flosci, spettinati e pieni di sangue
rappreso a causa dei colpi.**

Părul îi atârna moale, zbârlit şi închegat de sânge uscat de la
lovituri.

**I suoi muscoli si ridussero a midolli e i cuscinetti di carne
erano tutti consumati.**

Muşchii i se contractaseră până la a se transforma în funii
vertebrale, iar pernuţele de carne îi erau uzate.

**Ogni costola, ogni osso erano chiaramente visibili attraverso
le pieghe della pelle rugosa.**

Fiecare coastă, fiecare os se vedea clar prin pliurile pielii
ridate.

Fu straziante, ma il cuore di Buck non riuscì a spezzarsi.

A fost sfâşietor, totuşi inima lui Buck nu se putea frânge.

**L'uomo con il maglione rosso lo aveva testato e dimostrato
molto tempo prima.**

Bărbatul în pulover roşu testase asta şi o dovedise cu mult
timp în urmă.

**Così come accadde a Buck, accadde anche a tutti i suoi
compagni di squadra rimasti.**

Aşa cum a fost cu Buck, aşa a fost şi cu toţi coechipierii săi
rămaşi.

**Ce n'erano sette in totale, ognuno uno scheletro ambulante
di miseria.**

Erau şapte în total, fiecare un schelet ambulant al nefericirii.

**Erano diventati insensibili alle fruste e sentivano solo un
dolore distante.**

Deveniseră amorţiţi la lovituri de bici, simţind doar o durere
îndepărtată.

**Anche la vista e i suoni li raggiungevano debolmente, come
attraverso una fitta nebbia.**

Chiar şi vederea şi sunetul ajungeau slab la ei, ca printr-o ceaţă
densă.

**Non erano mezzi vivi: erano ossa con deboli scintille al loro
interno.**

Nu erau pe jumătate vii – erau doar oase cu scântei slabe
înăuntru.

**Una volta fermati, crollarono come cadaveri, con le scintille
quasi del tutto spente.**

Când s-au oprit, s-au prăbușit ca niște cadavre, scânteile
aproape dispărându-le.

**E quando la frusta o il bastone colpivano di nuovo, le
scintille sfarfallavano debolmente.**

Și când biciul sau bâta lovea din nou, scânteile fluturau slab.

**Poi si alzarono, barcollarono in avanti e trascinarono le loro
membra in avanti.**

Apoi s-au ridicat, s-au clătinat înainte și și-au târât membrele
înainte.

Un giorno il gentile Billee cadde e non riuscì più a rialzarsi.

Într-o zi, bunul Billee a căzut și nu s-a mai putut ridica deloc.

**Hal aveva scambiato la sua pistola con quella di Billee, così
decise di ucciderla con un'ascia.**

Hal își renunțase la revolver, așa că a folosit un topor ca să-l
omoare pe Billee.

Lo colpì alla testa, poi gli tagliò il corpo e lo trascinò via.

L-a lovit în cap, apoi i-a tăiat corpul și l-a târât departe.

**Buck se ne accorse, e così fecero anche gli altri: sapevano che
la morte era vicina.**

Buck a văzut asta, și ceilalți la fel; știau că moartea era
aproape.

**Il giorno dopo Koona se ne andò, lasciando solo cinque cani
nel gruppo affamato.**

A doua zi, Koona a plecat, lăsând doar cinci câini în echipa
înfometată.

**Joe, non più cattivo, era ormai troppo fuori di sé per rendersi
conto di nulla.**

Joe, care nu mai era rău, era prea dispărut ca să mai fie
conștient de mare lucru.

**Pike, ormai non fingeva più di essere ferito, era appena
cosciente.**

Pike, care nu-și mai prefăcea rana, era abia conștient.

Solleks, ancora fedele, si rammaricava di non avere più la forza di dare.

Solleks, încă credincios, a jelit că nu mai avea puterea să dea.

Teek fu battuto più di tutti perché era più fresco, ma stava calando rapidamente.

Teek a fost cel mai mult bătut pentru că era mai proaspăt, dar se stingea repede.

E Buck, ancora in testa, non mantenne più l'ordine né lo fece rispettare.

Iar Buck, încă în frunte, nu mai menținea ordinea și nici nu o mai impunea.

Mezzo accecato dalla debolezza, Buck seguì la pista solo a tentoni.

Pe jumătate orb de slăbiciune, Buck a urmat calea doar prin simț.

Era una bellissima primavera, ma nessuno di loro se ne accorse.

Era o vreme frumoasă de primăvară, dar niciunul dintre ei n-a observat-o.

Ogni giorno il sole sorgeva prima e tramontava più tardi.

În fiecare zi soarele răsărea mai devreme și apunea mai târziu decât înainte.

Alle tre del mattino era già spuntata l'alba; il crepuscolo durò fino alle nove.

Pe la trei dimineața, se ivise zorii; amurgul dura până la nouă.

Le lunghe giornate erano illuminate dal sole primaverile.

Zilele lungi erau pline de strălucirea deplină a soarelui de primăvară.

Il silenzio spettrale dell'inverno si era trasformato in un caldo mormorio.

Tăcerea fantomatică a iernii se transformase într-un murmur cald.

Tutta la terra si stava svegliando, animata dalla gioia degli esseri viventi.

Tot pământul se trezea, plin de bucuria ființelor vii.

Il suono proveniva da ciò che era rimasto morto e immobile per tutto l'inverno.

Sunetul venea din ceea ce zăcuse mort și nemișcat toată iarna.

Ora quelle cose si mossero di nuovo, scrollandosi di dosso il lungo sonno del gelo.

Acum, acele lucruri se mișcau din nou, scuturându-se de lungul somn de gheață.

La linfa saliva attraverso i tronchi scuri dei pini in attesa.

Seva se ridica prin trunchiurile întunecate ale pinilor care așteptau.

Salici e pioppi tremuli fanno sbocciare giovani gemme luminose su ogni ramoscello.

Sălciile și aspenii scot muguri tineri și strălucitori pe fiecare crenguță.

Arbusti e viti si tingono di un verde fresco mentre il bosco si anima.

Arbuștii și vița-de-vie au prins o culoare verde proaspăt pe măsură ce pădurea a prins viață.

Di notte i grilli cantavano e di giorno gli insetti strisciavano nella luce del sole.

Greierii ciripeau noaptea, iar insectele se târau în soarele zilei.

Le pernici gridavano e i picchi picchiavano in profondità tra gli alberi.

Potârnichile bubuiau, iar ciocănitoarele băteau adânc în copaci.

Gli scoiattoli chiacchieravano, gli uccelli cantavano e le oche starnazzavano per richiamare l'attenzione dei cani.

Veverițele ciripeau, păsările cântau, iar gâștele claxonau peste câini.

Gli uccelli selvatici arrivavano a cunei affilati, volando in alto da sud.

Păsările sălbatice veneau în grupuri ascuțite, zburând dinspre sud.

Da ogni pendio giungeva la musica di ruscelli nascosti e impetuosi.

De pe fiecare versant se auzea muzica unor pâraie ascunse și repezi.

Tutto si scongelava e si spezzava, si piegava e ricominciava a muoversi.

Toate lucrurile s-au dezghețat și au crăpat, s-au îndoit și au izbucnit din nou în mișcare.

Lo Yukon si sforzò di spezzare le fredde catene del ghiaccio ghiacciato.

Yukonul s-a străduit să rupă lanțurile reci ale gheții înghețate.

Il ghiaccio si scioglieva sotto, mentre il sole lo scioglieva dall'alto.

Gheața s-a topit dedesubt, în timp ce soarele a topit-o de sus.

Si aprirono dei buchi, si allargarono delle crepe e dei pezzi caddero nel fiume.

Găurile de aerisire s-au deschis, crăpăturile s-au extins, iar bucăți au căzut în râu.

In mezzo a tutta questa vita sfrenata e sfrenata, i viaggiatori barcollavano.

În mijlocul acestei vieți explozive și sclipitoare, călătorii se clătinau.

Due uomini, una donna e un branco di husky camminavano come morti.

Doi bărbați, o femeie și o haită de câini husky mergeau ca morții.

I cani cadevano, Mercedes piangeva, ma continuava a guidare la slitta.

Câinii cădeau, Mercedes plângea, dar totuși a mers cu sania.

Hal imprecò debolmente e Charles sbatté le palpebre con gli occhi lacrimanti.

Hal a înjurat slab, iar Charles a clipit cu ochii înlăcrimați.

Si imbatterono nell'accampamento di John Thornton, nei pressi della foce del White River.

Au ajuns împleticindu-se în tabăra lui John Thornton, la gura de vărsare a Râului Alb.

Quando si fermarono, i cani caddero a terra, come se fossero stati tutti colpiti a morte.

Când s-au oprit, câinii s-au prăbușit, ca și cum ar fi fost toți morți.

Mercedes si asciugò le lacrime e guardò John Thornton.

Mercedes și-a șters lacrimile și s-a uitat la John Thornton.

Charles si sedette su un tronco, lentamente e rigidamente, dolorante per il sentiero.

Charles şedea pe un buştean, încet şi ţeapăn, durut de la potecă.

Hal parlava mentre Thornton intagliava l'estremità del manico di un'ascia.

Hal vorbea în timp ce Thornton cioplea capătul mânerului unui topor.

Tagliò il legno di betulla e rispose con frasi brevi e decise.

A cioplit lemn de mesteacăn şi a răspuns cu replici scurte şi ferme.

Quando gli veniva chiesto, dava un consiglio, certo che non sarebbe stato seguito.

Când a fost întrebat, a dat un sfat, sigur că nu va fi urmat.

Hal spiegò: "Ci avevano detto che il ghiaccio lungo la pista si stava staccando".

Hal a explicat: „Ne-au spus că gheaţa de pe potecă se desprindea.”

"Ci avevano detto che dovevamo restare fermi, ma siamo arrivati a White River."

„Au spus că ar trebui să rămânem pe loc — dar am reuşit să ajungem la White River.”

Concluse con un tono beffardo, come per cantare vittoria nelle difficoltà.

A încheiat cu un ton batjocoritor, ca şi cum ar fi revendicat victoria în greutăţi.

"E ti hanno detto la verità", rispose John Thornton a bassa voce ad Hal.

— Şi ţi-au spus adevărul, răspunse John Thornton lui Hal încet.

"Il ghiaccio potrebbe cedere da un momento all'altro: è pronto a staccarsi."

„Gheaţa poate ceda în orice moment — e gata să se desprindă.”

"Solo la fortuna cieca e gli sciocchi avrebbero potuto arrivare vivi fin qui."

„Doar norocul oarb și proștii ar fi putut ajunge atât de departe cu viață."

"Te lo dico senza mezzi termini: non rischierei la vita per tutto l'oro dell'Alaska."

„Îți spun direct, nu mi-aș risca viața pentru tot aurul Alaskăi."

"Immagino che tu non sia uno stupido", rispose Hal.

„Asta e pentru că nu ești prost, presupun", răspunse Hal.

"Comunque, andiamo avanti con Dawson." Srotolò la frusta.

„Totuși, vom merge mai departe la Dawson." Și-a desfăcut biciul.

"Sali, Buck! Ehi! Alzati! Forza!" urlò con voce roca.

„Urcă-te acolo sus, Buck! Salut! Ridică-te! Haide!", a strigat el aspru.

Thornton continuò a intagliare, sapendo che gli sciocchi non volevano sentire ragioni.

Thornton a continuat să cioplească, știind că proștii nu vor auzi rațiunea.

Fermare uno stupido era inutile, e due o tre stupidi non cambiavano nulla.

A opri un prost era zadarnic — și doi sau trei păcăliți nu schimbau nimic.

Ma la squadra non si mosse al suono del comando di Hal.

Dar echipa nu s-a mișcat la auzul comenzii lui Hal.

Ormai solo i colpi potevano farli sollevare e avanzare.

Până acum, doar loviturile îi mai puteau face să se ridice și să tragă înainte.

La frusta schioccava ripetutamente sui cani indeboliti.

Biciul pocnea iar și iar peste câinii slăbiți.

John Thornton strinse forte le labbra e osservò in silenzio.

John Thornton și-a strâns buzele și a privit în tăcere.

Solleks fu il primo a rialzarsi sotto la frusta.

Solleks a fost primul care s-a ridicat în picioare sub bici.

Poi Teek lo seguì, tremando. Joe urlò mentre barcollava.

Apoi Teek l-a urmat, tremurând. Joe a țipat în timp ce se ridica împleticindu-se.

Pike cercò di alzarsi, fallì due volte, poi alla fine si rialzò barcollando.

Pike a încercat să se ridice, a eşuat de două ori, apoi în cele din urmă s-a ridicat nesigur.

Ma Buck rimase lì dov'era caduto, senza muoversi affatto.

Dar Buck zăcea unde căzuse, nemişcându-se deloc de data asta.

La frusta lo colpì più volte, ma lui non emise alcun suono.

Biciul l-a lovit de nenumărate ori, dar el nu a scos niciun sunet.

Lui non sussultò né oppose resistenza, rimase semplicemente immobile e in silenzio.

Nu a tresărit şi nici nu a opus rezistenţă, pur şi simplu a rămas nemişcat şi tăcut.

Thornton si mosse più di una volta, come per dire qualcosa, ma non lo fece.

Thornton s-a mişcat de mai multe ori, ca şi cum ar fi vrut să vorbească, dar nu a făcut-o.

I suoi occhi si inumidirono, ma la frusta continuava a schioccare contro Buck.

Ochii i s-au umezit, iar biciul a continuat să pocnească în Buck.

Alla fine Thornton cominciò a camminare lentamente, incerto sul da farsi.

În cele din urmă, Thornton a început să se plimbe încet, neştiind ce să facă.

Era la prima volta che Buck falliva e Hal si infuriò.

Era prima dată când Buck eşuase, iar Hal s-a înfuriat.

Gettò via la frusta e prese al suo posto il pesante manganello.

A aruncat biciul şi a ridicat în schimb bâta grea.

La mazza di legno colpì con violenza, ma Buck non si alzò per muoversi.

Bâta de lemn a căzut puternic, dar Buck tot nu s-a ridicat să se mişte.

Come i suoi compagni di squadra, era troppo debole, ma non solo.

Ca şi coechipierii săi, era prea slab — dar mai mult decât atât.

Buck aveva deciso di non muoversi, qualunque cosa accadesse.

Buck hotărâse să nu se miște, indiferent ce ar fi urmat.

Sentì qualcosa di oscuro e sicuro incombere proprio davanti a sé.

Simțea ceva întunecat și sigur plutind chiar în față.

Quel terrore lo aveva colto non appena aveva raggiunto la riva del fiume.

Acea frică îl cuprinsese imediat ce ajunsese la malul râului.

Quella sensazione non lo aveva abbandonato da quando aveva sentito il ghiaccio assottigliarsi sotto le zampe.

Sentimentul nu-l părăsise de când simțise gheața subțire sub labe.

Qualcosa di terribile lo stava aspettando: lo sentiva proprio lungo il sentiero.

Ceva îngrozitor îl aștepta – simțea că se prefigura chiar la capătul potecii.

Non avrebbe camminato verso quella cosa terribile davanti a lui

Nu avea de gând să meargă spre acel lucru teribil din față.

Non avrebbe obbedito a nessun ordine che lo avrebbe condotto a quella cosa.

Nu avea de gând să asculte de nicio poruncă care l-ar fi dus la chestia aia.

Ormai il dolore dei colpi non lo sfiorava più: era troppo stanco.

Durerea loviturilor abia dacă îl mai atingea acum – era prea dispărut.

La scintilla della vita tremolava lentamente, affievolita da ogni colpo crudele.

Scânteia vieții pâlpâia slab, estompată sub fiecare lovitură crudă.

Gli arti gli sembravano distanti; tutto il corpo sembrava appartenere a un altro.

Membrele lui păreau îndepărtate; întregul său corp părea să aparțină altcuiva.

Sentì uno strano torpore mentre il dolore scompariva completamente.

A simțit o amorțeală ciudată pe măsură ce durerea i se dispăruse complet.

Da lontano, sentiva che lo stavano picchiando, ma non se ne rendeva conto.

De departe, simțea că este bătut, dar abia dacă își dădea seama.

Poteva udire debolmente i tonfi, ma ormai non gli facevano più male.

Auzea slab bufnetele, dar nu îl mai dureau cu adevărat.

I colpi andarono a segno, ma il suo corpo non sembrava più il suo.

Loviturile au nimerit, dar corpul său nu mai părea a fi al lui.

Poi, all'improvviso, senza alcun preavviso, John Thornton lanciò un grido selvaggio.

Apoi, dintr-o dată, fără avertisment, John Thornton a scos un țipăt sălbatic.

Era inarticolato, più il grido di una bestia che di un uomo.

Era nearticulat, mai degrabă țipătul unei fiare decât al unui om.

Si lanciò sull'uomo con la mazza e fece cadere Hal all'indietro.

A sărit asupra bărbatului cu bâta și l-a trântit pe Hal pe spate.

Hal volò come se fosse stato colpito da un albero, atterrando pesantemente al suolo.

Hal a zburat ca și cum ar fi fost lovit de un copac, aterizând puternic pe pământ.

Mercedes urlò a gran voce in preda al panico e si portò le mani al viso.

Mercedes a țipat tare, panicată, și s-a agățat de față.

Charles si limitò a guardare, si asciugò gli occhi e rimase seduto.

Charles doar privi, își șterse ochii și rămase așezat.

Il suo corpo era troppo irrigidito dal dolore per alzarsi o contribuire alla lotta.

Corpul îi era prea înțepenit de durere ca să se ridice sau să ajute la luptă.

Thornton era in piedi davanti a Buck, tremante di rabbia, incapace di parlare.

Thornton stătea deasupra lui Buck, tremurând de furie, incapabil să vorbească.

Tremava di rabbia e lottò per trovare la voce.

Tremura de furie și se lupta să-și găsească vocea printre ele.

"Se colpisci ancora quel cane, ti uccido", disse infine.

„Dacă mai lovești câinele ăla din nou, te omor", a spus el în cele din urmă.

Hal si asciugò il sangue dalla bocca e tornò avanti.

Hal și-a șters sângele de pe gură și a venit din nou înainte.

"È il mio cane", borbottò. "Togliti di mezzo o ti sistemo io."

„E câinele meu", a mormăit el. „Dă-te la o parte sau te rezolv eu."

"Vado da Dawson e tu non mi fermerai", ha aggiunto.

„Mă duc la Dawson și nu mă oprești", a adăugat el.

Thornton si fermò tra Buck e il giovane arrabbiato.

Thornton stătea ferm între Buck și tânărul furios.

Non aveva alcuna intenzione di farsi da parte o di lasciar passare Hal.

Nu avea nicio intenție să se dea la o parte sau să-l lase pe Hal să treacă.

Hal tirò fuori il suo coltello da caccia, lungo e pericoloso nella sua mano.

Hal și-a scos cuțitul de vânătoare, lung și periculos în mână.

Mercedes urlò, poi pianse, poi rise in preda a un'isteria selvaggia.

Mercedes a țipat, apoi a plâns, apoi a râs cu o isterie sălbatică.

Thornton colpì la mano di Hal con il manico dell'ascia, con forza e rapidità.

Thornton l-a lovit pe Hal în mâna cu mânerul toporului, tare și repede.

Il coltello si liberò dalla presa di Hal e volò a terra.

Cuțitul a fost desprins din strânsoarea lui Hal și a zburat la pământ.

Hal cercò di raccogliere il coltello, ma Thornton gli batté di nuovo le nocche.

Hal a încercat să ridice cuțitul, iar Thornton și-a lovit din nou încheieturile.

Poi Thornton si chinò, afferrò il coltello e lo tenne fermo.

Apoi Thornton s-a aplecat, a apucat cuțitul și l-a ținut în mână.

Con due rapidi colpi del manico dell'ascia, tagliò le redini di Buck.

Cu două lovituri rapide de mânerul toporului, i-a tăiat hățurile lui Buck.

Hal non aveva più voglia di combattere e si allontanò dal cane.

Hal nu mai avea nicio putere de luptă și se dădu înapoi de lângă câine.

Inoltre, ora Mercedes aveva bisogno di entrambe le braccia per restare in piedi.

În plus, Mercedes avea nevoie acum de ambele brațe ca să se țină în poziție verticală.

Buck era troppo vicino alla morte per poter nuovamente tirare la slitta.

Buck era prea aproape de moarte ca să mai fie de folos la trasul unei sanii.

Pochi minuti dopo, ripartirono, dirigendosi verso il fiume.

Câteva minute mai târziu, au plecat, îndreptându-se în josul râului.

Buck sollevò debolmente la testa e li guardò lasciare la banca.

Buck își ridică slab capul și îi privi cum părăsesc banca.

Pike guidava la squadra, con Solleks dietro al volante.

Pike a condus echipa, cu Solleks în spate, la volan.

Joe e Teek camminavano in mezzo, zoppicando entrambi per la stanchezza.

Joe și Teek mergeau printre ei, amândoi șchiopătând de epuizare.

Mercedes si sedette sulla slitta e Hal afferrò la lunga pertica.

Mercedes s-a așezat pe sanie, iar Hal s-a agățat de bara lungă de ancorare.

Charles barcollava dietro di lui, con passi goffi e incerti.

Charles se împiedica în urmă, cu pașii stângaci și nesiguri.

Thornton si inginocchiò accanto a Buck e tastò delicatamente per vedere se aveva ossa rotte.

Thornton a îngenuncheat lângă Buck şi a pipăit uşor dacă avea oase rupte.

Le sue mani erano ruvide, ma si muovevano con gentilezza e cura.

Mâinile lui erau aspre, dar se mişcau cu bunătate şi grijă.

Il corpo di Buck era pieno di lividi, ma non presentava lesioni permanenti.

Corpul lui Buck era învineţit, dar nu prezenta răni permanente.

Ciò che restava era una fame terribile e una debolezza quasi totale.

Ceea ce a rămas a fost o foame cumplită şi o slăbiciune aproape totală.

Quando la situazione fu più chiara, la slitta era già andata molto a valle.

Până când acest lucru a devenit clar, sania mersese mult în avalul râului.

L'uomo e il cane osservavano la slitta avanzare lentamente sul ghiaccio che si rompeva.

Bărbatul şi câinele au privit sania târându-se încet pe gheaţa crăpată.

Poi videro la slitta sprofondare in una cavità.

Apoi, au văzut sania scufundându-se într-o vale.

La pertica volò in alto, ma Hal vi si aggrappò ancora invano.

Stâlpul a zburat în sus, cu Hal încă agăţat de el în zadar.

L'urlo di Mercedes li raggiunse attraverso la fredda distanza.

Ţipătul lui Mercedes i-a ajuns dincolo de depărtarea rece.

Charles si voltò e fece un passo indietro, ma era troppo tardi.

Charles se întoarse şi făcu un pas înapoi — dar era prea târziu.

Un'intera calotta di ghiaccio cedette e tutti precipitarono.

O întreagă calotă de gheaţă a cedat, şi toţi au căzut prin ea.

Cani, slitte e persone scomparvero nelle acque nere sottostanti.

Câini, sanie şi oameni au dispărut în apa neagră de dedesubt.

Nel punto in cui erano passati era rimasto solo un largo buco nel ghiaccio.

Doar o gaură largă în gheață rămăsese pe locul unde trecuseră.

Il fondo del sentiero era crollato, proprio come aveva previsto Thornton.

Partea de jos a potecii se lăsase în urmă – exact așa cum avertizase Thornton.

Thornton e Buck si guardarono l'un l'altro, in silenzio per un momento.

Thornton și Buck s-au privit unul pe altul, tăcuți o clipă.

"Povero diavolo", disse Thornton dolcemente, e Buck gli leccò la mano.

— Săracul de tine, spuse Thornton încet, iar Buck își linse mâna.

Per amore di un uomo
Din dragostea unui bărbat

John Thornton si congelò i piedi per il freddo del dicembre precedente.

Lui John Thornton i-au înghețat picioarele în frigul lunii decembrie precedente.

I suoi compagni lo fecero sentire a suo agio e lo lasciarono guarire da solo.

Partenerii lui l-au făcut să se simtă confortabil și l-au lăsat să se recupereze singur.

Risalirono il fiume per raccogliere una zattera di tronchi da sega per Dawson.

S-au dus în susul râului să adune o plută de bușteni de gater pentru Dawson.

Zoppicava ancora leggermente quando salvò Buck dalla morte.

Încă șchiopăta puțin când l-a salvat pe Buck de la moarte.

Ma con il persistere del caldo, anche quella zoppia è scomparsa.

Dar, cum vremea caldă persista, chiar și acea șchiopătare a dispărut.

Sdraiato sulla riva del fiume durante le lunghe giornate primaverili, Buck si riposò.

Întins pe malul râului în lungile zile de primăvară, Buck se odihnea.

Osservava l'acqua che scorreva e ascoltava gli uccelli e gli insetti.

El privea apa curgătoare și asculta păsările și insectele.

Lentamente Buck riacquistò le forze sotto il sole e il cielo.

Încet, Buck și-a recăpătat puterile sub soare și cer.

Dopo aver viaggiato tremila miglia, riposarsi è stato meraviglioso.

O odihnă a fost minunată după o călătorie de cinci mii de kilometri.

Buck diventò pigro man mano che le sue ferite guarivano e il suo corpo si riempiva.

Buck a devenit leneș pe măsură ce rănile i se vindecau și corpul i se umplea.

I suoi muscoli si rassodarono e la carne tornò a ricoprire le sue ossa.

Mușchii i s-au întărit, iar carnea i-a acoperit din nou oasele.

Stavano tutti riposando: Buck, Thornton, Skeet e Nig.

Toți se odihneau — Buck, Thornton, Skeet și Nig.

Aspettarono la zattera che li avrebbe portati a Dawson.

Au așteptat pluta care urma să-i ducă jos la Dawson.

Skeet era un piccolo setter irlandese che fece amicizia con Buck.

Skeet era un mic setter irlandez care s-a împrietenit cu Buck.

Buck era troppo debole e malato per resisterle al loro primo incontro.

Buck era prea slăbit și bolnav ca să-i reziste la prima lor întâlnire.

Skeet aveva la caratteristica di guaritore che alcuni cani possiedono per natura.

Skeet avea trăsătura de vindecător pe care o posedă în mod natural unii câini.

Come una gatta, leccò e pulì le ferite aperte di Buck.

Ca o pisică, a lins și a curățat rănile vii ale lui Buck.

Ogni mattina, dopo colazione, ripeteva il suo attento lavoro.

În fiecare dimineață, după micul dejun, își repeta munca minuțioasă.

Buck finì per aspettarsi il suo aiuto tanto quanto quello di Thornton.

Buck a ajuns să se aștepte la ajutorul ei la fel de mult ca și la cel al lui Thornton.

Anche Nig era amichevole, ma meno aperto e meno affettuoso.

Și Nig era prietenos, dar mai puțin deschis și mai puțin afectuos.

Nig era un grosso cane nero, in parte segugio e in parte levriero.

Nig era un câine mare și negru, parte copoi și parte copoi.

Aveva occhi sorridenti e un'infinita bontà d'animo.

Avea ochi râzători și o bunătate nesfârșită în suflet.

Con sorpresa di Buck, nessuno dei due cani mostrò gelosia nei suoi confronti.

Spre surprinderea lui Buck, niciunul dintre câini nu a arătat gelozie față de el.

Sia Skeet che Nig condividevano la gentilezza di John Thornton.

Atât Skeet, cât și Nig împărtășeau bunătatea lui John Thornton.

Man mano che Buck diventava più forte, lo attiravano in stupidi giochi da cani.

Pe măsură ce Buck devenea mai puternic, l-au ademenit în jocuri prostești de-a câinii.

Anche Thornton giocava spesso con loro, incapace di resistere alla loro gioia.

Și Thornton se juca adesea cu ei, incapabil să le reziste bucuriei.

In questo modo giocoso, Buck passò dalla malattia a una nuova vita.

În acest mod jucăuș, Buck a trecut de la boală la o viață nouă.

L'amore, quello vero, ardente e passionale, era finalmente suo.

Iubirea — o iubire adevărată, arzătoare și pasională — a fost în sfârșit a lui.

Non aveva mai conosciuto questo tipo di amore nella tenuta di Miller.

Nu cunoscuse niciodată un astfel de fel de dragoste la moșia lui Miller.

Con i figli del giudice aveva condiviso lavoro e avventure.

Cu fiii judecătorului, împărțise munca și aventurile.

Nei nipoti notò un orgoglio rigido e vanitoso.

La nepoți, el a văzut o mândrie rigidă și lăudăroasă.

Con lo stesso giudice Miller aveva un rapporto di rispettosa amicizia.

Cu judecătorul Miller însuși, a avut o prietenie respectuoasă.

Ma l'amore che era fuoco, follia e adorazione era ciò che accadeva con Thornton.

Dar dragostea care era foc, nebunie și venerație a venit odată cu Thornton.

Quest'uomo aveva salvato la vita di Buck, e questo di per sé significava molto.

Acest om îi salvase viața lui Buck, iar asta în sine însemna enorm.

Ma più di questo, John Thornton era il tipo ideale di maestro.

Dar mai mult decât atât, John Thornton era genul ideal de maestru.

Altri uomini si prendevano cura dei cani per dovere o per necessità lavorative.

Alți bărbați aveau grijă de câini din îndatorire sau din necesitate de afaceri.

John Thornton si prendeva cura dei suoi cani come se fossero figli.

John Thornton își îngrijea câinii ca și cum ar fi fost copiii lui.

Si prendeva cura di loro perché li amava e semplicemente non poteva farne a meno.

I-a păsat de ei pentru că îi iubea și pur și simplu nu se putea abține.

John Thornton vide molto più lontano di quanto la maggior parte degli uomini riuscisse mai a vedere.

John Thornton a văzut chiar mai departe decât au reușit vreodată majoritatea oamenilor.

Non dimenticava mai di salutarli gentilmente o di pronunciare una parola di incoraggiamento.

Nu uita niciodată să-i salute cu amabilitate sau să le adreseze un cuvânt de încurajare.

Amava sedersi con i cani per fare lunghe chiacchierate, o "gassy", come diceva lui.

Îi plăcea să stea cu câinii pentru discuții lungi sau „să stea gazoși", cum spunea el.

Gli piaceva afferrare bruscamente la testa di Buck tra le sue mani forti.

Îi plăcea să-i apuce brutal capul lui Buck între mâinile sale puternice.

Poi appoggiò la testa contro quella di Buck e lo scosse delicatamente.

Apoi și-a sprijinit capul de al lui Buck și l-a clătinat ușor.

Nel frattempo, chiamava Buck con nomi volgari che per lui significavano affetto.

În tot acest timp, el îl numea pe Buck cu porecle grosolane care însemnau dragoste pentru Buck.

Per Buck, quell'abbraccio rude e quelle parole portarono una gioia profonda.

Lui Buck, acea îmbrățișare brutală și acele cuvinte i-au adus o bucurie profundă.

A ogni movimento il suo cuore sembrava sussultare di felicità.

Inima părea să-i tremure de fericire la fiecare mișcare.

Quando poi balzò in piedi, la sua bocca sembrava ridere.

Când a sărit în picioare după aceea, gura lui arăta de parcă ar fi râs.

I suoi occhi brillavano intensamente e la sua gola tremava per una gioia inespressa.

Ochii îi străluceau puternic, iar gâtul îi tremura de o bucurie nerostită.

Il suo sorriso rimase immobile in quello stato di emozione e affetto ardente.

Zâmbetul său a rămas nemișcat în acea stare de emoție și afecțiune strălucitoare.

Allora Thornton esclamò pensieroso: "Dio! Riesce quasi a parlare!"

Apoi Thornton exclamă gânditor: „Doamne! Aproape că poate vorbi!"

Buck aveva uno strano modo di esprimere l'amore che quasi gli causava dolore.

Buck avea un mod ciudat de a exprima dragostea care aproape provoca durere.

Spesso stringeva forte la mano di Thornton tra i denti.

Adesea strângea foarte tare mâna lui Thornton în dinți.

Il morso avrebbe lasciato segni profondi che sarebbero rimasti per qualche tempo.

Mușcătura urma să lase urme adânci care au rămas ceva timp
după aceea.

**Buck credeva che quei giuramenti fossero amore, e Thornton
la pensava allo stesso modo.**

Buck credea că acele jurăminte erau dragoste, iar Thornton știa
același lucru.

**Il più delle volte, l'amore di Buck si manifestava in
un'adorazione silenziosa, quasi silenziosa.**

Cel mai adesea, dragostea lui Buck se manifesta printr-o
adorație tăcută, aproape tăcută.

**Sebbene fosse emozionato quando veniva toccato o gli si
parlava, non cercava attenzione.**

Deși era încântat când era atins sau i se vorbea, nu căuta
atenție.

**Skeet spinse il naso sotto la mano di Thornton finché lui
non la accarezzò.**

Skeet și-a împins nasul sub mâna lui Thornton până când
acesta a mângâiat-o.

**Nig si avvicinò silenziosamente e appoggiò la sua grande
testa sulle ginocchia di Thornton.**

Nig se apropie în liniște și își odihni capul mare pe genunchiul
lui Thornton.

**Buck, al contrario, si accontentava di amare da una rispettosa
distanza.**

Buck, în schimb, se mulțumea să iubească de la o distanță
respectuoasă.

Rimase sdraiato per ore ai piedi di Thornton, vigile e attento.

A zăcut ore în șir la picioarele lui Thornton, alert și privind cu
atenție.

**Buck studiò ogni dettaglio del volto del suo padrone,
perfino il più piccolo movimento.**

Buck studia fiecare detaliu al feței stăpânului său și cea mai
mică mișcare.

**Oppure sdraiati più lontano, studiando in silenzio la sagoma
dell'uomo.**

Sau a mințit mai departe, studiind silueta bărbatului în tăcere.

Buck osservava ogni piccolo movimento, ogni cambiamento di postura o di gesto.

Buck urmărea fiecare mică mișcare, fiecare schimbare de postură sau gest.

Questo legame era così potente che spesso catturava lo sguardo di Thornton.

Atât de puternică era această conexiune, încât adesea îi atrăgea privirea lui Thornton.

Incontrò lo sguardo di Buck senza dire parole, e il suo amore traspariva chiaramente.

A întâlnit privirea lui Buck fără cuvinte, dragostea strălucind clar prin ea.

Per molto tempo dopo essere stato salvato, Buck non perse mai di vista Thornton.

Multă vreme după ce a fost salvat, Buck nu l-a mai pierdut din vedere pe Thornton.

Ogni volta che Thornton usciva dalla tenda, Buck lo seguiva da vicino all'esterno.

Ori de câte ori Thornton părăsea cortul, Buck îl urma îndeaproape afară.

Tutti i severi padroni delle Terre del Nord avevano fatto sì che Buck non riuscisse più a fidarsi.

Toți stăpânii aspri din Țara Nordului îl făcuseră pe Buck să se teamă să aibă încredere.

Temeva che nessun uomo potesse restare suo padrone se non per un breve periodo.

Se temea că niciun om nu i-ar putea rămâne stăpân mai mult de puțin timp.

Temeva che John Thornton sarebbe scomparso come Perrault e François.

Se temea că John Thornton avea să dispară precum Perrault și François.

Anche di notte, la paura di perderlo tormentava il sonno agitato di Buck.

Chiar și noaptea, teama de a-l pierde îi bântuia somnul agitat lui Buck.

Quando Buck si svegliò, si trascinò fuori al freddo e andò nella tenda.

Când Buck s-a trezit, s-a strecurat afară, în frig, și s-a dus la cort.

Ascoltò attentamente il leggero suono del suo respiro interiore.

A ascultat cu atenție sunetul blând al respirației interioare.

Nonostante il profondo amore di Buck per John Thornton, la natura selvaggia sopravvisse.

În ciuda iubirii profunde a lui Buck pentru John Thornton, sălbăticia a rămas în viață.

Quell'istinto primitivo, risvegliatosi nel Nord, non scomparve.

Acel instinct primitiv, trezit în Nord, nu a dispărut.

L'amore portava devozione, lealtà e il caldo legame attorno al fuoco.

Dragostea aducea devotament, loialitate și legătura caldă din jurul focului.

Ma Buck mantenne anche i suoi istinti selvaggi, acuti e sempre all'erta.

Dar Buck și-a păstrat și instinctele sălbatice, ascuțite și mereu alerte.

Non era solo un animale domestico addomesticato proveniente dalle dolci terre della civiltà.

Nu era doar un animal de companie îmblânzit de pe tărâmurile moi ale civilizației.

Buck era un essere selvaggio che si era seduto accanto al fuoco di Thornton.

Buck era o ființă sălbatică care venise să se așeze lângă focul lui Thornton.

Sembrava un cane del Southland, ma in lui albergava la natura selvaggia.

Arăta ca un câine din Southland, dar în el trăia sălbăticia.

Il suo amore per Thornton era troppo grande per permettersi un furto da parte di quell'uomo.

Dragostea lui pentru Thornton era prea mare ca să-i permită să fie furat.

Ma in qualsiasi altro campo ruberebbe con audacia e senza esitazione.

Dar în orice altă tabără, ar fura cu îndrăzneală și fără pauză.

Era così abile nel rubare che nessuno riusciva a catturarlo o accusarlo.

Era atât de deștept la furat, încât nimeni nu-l putea prinde sau acuza.

Il suo viso e il suo corpo erano coperti di cicatrici dovute a molti combattimenti passati.

Fața și corpul îi erau acoperite de cicatrici de la multe lupte din trecut.

Buck continuava a combattere con ferocia, ma ora lo faceva con maggiore astuzia.

Buck încă lupta cu înverșunare, dar acum lupta cu mai multă viclenie.

Skeet e Nig erano troppo docili per combattere, ed erano di Thornton.

Skeet și Nig erau prea blânzi ca să se lupte, și erau ai lui Thornton.

Ma qualsiasi cane estraneo, non importa quanto forte o coraggioso, cedeva.

Dar orice câine străin, oricât de puternic sau curajos ar fi fost, ceda.

Altrimenti, il cane si ritrovò a combattere contro Buck, lottando per la propria vita.

Altfel, câinele s-a trezit luptându-se cu Buck; luptând pentru viața sa.

Buck non ebbe pietà quando decise di combattere contro un altro cane.

Buck n-a avut milă odată ce a ales să lupte împotriva unui alt câine.

Aveva imparato bene la legge del bastone e della zanna nel Nord.

Învățase bine legea loviturii cu bâta și colțul în Țara Nordului.

Non ha mai rinunciato a un vantaggio e non si è mai tirato indietro dalla battaglia.

Nu a renunțat niciodată la un avantaj și nu s-a retras niciodată din luptă.

Aveva studiato Spitz e i cani più feroci della polizia e della posta.

Studiase spitzii și cei mai feroce câini de poștă și poliție.

Sapeva chiaramente che non esisteva via di mezzo in un combattimento selvaggio.

Știa clar că nu există cale de mijloc în luptele sălbatice.

Doveva governare o essere governato; mostrare misericordia significava mostrare debolezza.

El trebuia să conducă sau să fie condus; a arăta milă însemna a arăta slăbiciune.

La pietà era sconosciuta nel mondo crudo e brutale della sopravvivenza.

Mila era necunoscută în lumea crudă și brutală a supraviețuirii.

Mostrare pietà era visto come un atto di paura, e la paura conduceva rapidamente alla morte.

A arăta milă era văzut ca frică, iar frica ducea repede la moarte.

La vecchia legge era semplice: uccidere o essere uccisi, mangiare o essere mangiati.

Vechea lege era simplă: ucizi sau fii ucis, mănânci sau fii mâncat.

Quella legge proveniva dalle profondità del tempo e Buck la seguì alla lettera.

Acea lege venea din adâncurile timpurilor, iar Buck a urmat-o în întregime.

Buck era più vecchio dei suoi anni e del numero dei suoi respiri.

Buck era mai în vârstă decât anii săi și decât de câte ori respira.

Collegava in modo chiaro il passato remoto con il momento presente.

El a conectat în mod clar trecutul antic cu momentul prezent.

I ritmi profondi dei secoli si muovevano attraverso di lui come le maree.

Ritmurile profunde ale veacurilor se mișcau prin el precum mareele.

Il tempo pulsava nel suo sangue con la stessa sicurezza con cui le stagioni muovevano la terra.

Timpul îi pulsa în sânge la fel de sigur cum anotimpurile mișcă pământul.

Sedeva accanto al fuoco di Thornton, con il petto forte e le zanne bianche.

Stătea lângă focul lui Thornton, cu pieptul puternic și colții albi.

La sua lunga pelliccia ondeggiava, ma dietro di lui lo osservavano gli spiriti dei cani selvatici.

Blana lui lungă unduia, dar în spatele lui spiritele câinilor sălbatici pândeau.

Lupi mezzi e lupi veri si agitavano nel suo cuore e nei suoi sensi.

Lupi pe jumătate și lupi adevărați i se mișcau în inimă și în simțuri.

Assaggiarono la sua carne e bevvero la stessa acqua che bevve lui.

Au gustat carnea lui și au băut aceeași apă ca și el.

Annusarono il vento insieme a lui e ascoltarono la foresta.

Au adulmecat vântul alături de el și au ascultat pădurea.

Sussurravano il significato dei suoni selvaggi nell'oscurità.

Șopteau semnificațiile sunetelor sălbatice în întuneric.

Modellavano il suo umore e guidavano ciascuna delle sue reazioni silenziose.

I-au modelat dispozițiile și i-au ghidat fiecare dintre reacțiile liniștite.

Giacevano accanto a lui mentre dormiva e diventavano parte dei suoi sogni profondi.

Au stat alături de el în timp ce dormea și au devenit parte din visele sale profunde.

Sognavano con lui, oltre lui, e costituivano il suo stesso spirito.

Au visat împreună cu el, dincolo de el, și i-au alcătuit însăși spiritul.

Gli spiriti della natura selvaggia chiamavano con tanta forza che Buck si sentì attratto.

Spiritele sălbăticiei chemau atât de puternic încât Buck se simți atras.

Ogni giorno che passava, l'umanità e le sue rivendicazioni si indebolivano nel cuore di Buck.

Pe zi ce trece, omenirea și pretențiile ei slăbeau în inima lui Buck.

Nel profondo della foresta si stava per udire un richiamo strano ed emozionante.

Adânc în pădure, un strigăt ciudat și emoționant urma să se ridice.

Ogni volta che sentiva la chiamata, Buck provava un impulso a cui non riusciva a resistere.

De fiecare dată când auzea chemarea, Buck simțea un impuls căruia nu-i putea rezista.

Avrebbe voltato le spalle al fuoco e ai sentieri battuti dagli uomini.

Avea de gând să se întoarcă de la foc și de la cărările bătătorite de oameni.

Stava per addentrarsi nella foresta, avanzando senza sapere il perché.

Avea să se afunde în pădure, înaintând fără să știe de ce.

Non mise in discussione questa attrazione, perché la chiamata era profonda e potente.

Nu a pus la îndoială această atracție, căci chemarea era profundă și puternică.

Spesso raggiungeva l'ombra verde e la terra morbida e intatta

Adesea, ajungea la umbra verde și la pământul moale și neatins

Ma poi il forte amore per John Thornton lo riportò al fuoco.

Dar apoi dragostea puternică pentru John Thornton l-a tras înapoi spre foc.

Soltanto John Thornton riuscì davvero a tenere stretto il cuore selvaggio di Buck.

Doar John Thornton ținea cu adevărat în strânsoarea sa inima sălbatică a lui Buck.

Per Buck il resto dell'umanità non aveva alcun valore o significato duraturo.

Restul omenirii nu avea nicio valoare sau semnificație durabilă pentru Buck.

Gli sconosciuti potrebbero lodarlo o accarezzargli la pelliccia con mani amichevoli.

Străinii l-ar putea lăuda sau i-ar putea mângâia blana cu mâini prietenoase.

Buck rimase impassibile e se ne andò per eccesso di affetto.

Buck a rămas nemișcat și a plecat din cauza prea multor afecțiuni.

Hans e Pete arrivarono con la zattera che era stata attesa a lungo

Hans și Pete au sosit cu pluta mult așteptată

Buck li ignorò finché non venne a sapere che erano vicini a Thornton.

Buck i-a ignorat până a aflat că erau aproape de Thornton.

Da allora in poi li tollerò, ma non dimostrò mai loro tutto il suo calore.

După aceea, i-a tolerat, dar nu le-a arătat niciodată căldură deplină.

Accettava da loro cibo o gentilezza come se volesse fare loro un favore.

A luat mâncare sau a primit bunătăți de la ei ca și cum le-ar fi făcut o favoare.

Erano come Thornton: semplici, onesti e lucidi nei pensieri.

Erau ca Thornton — simpli, onești și limpezi în gânduri.

Tutti insieme viaggiarono verso la segheria di Dawson e il grande vortice

Toți împreună au călătorit la gaterul lui Dawson și la marele vârtej

Nel corso del loro viaggio impararono a comprendere profondamente la natura di Buck.

În călătoria lor, au învățat să înțeleagă în profunzime natura lui Buck.

Non cercarono di avvicinarsi come avevano fatto Skeet e Nig.

Nu au încercat să se apropie așa cum făcuseră Skeet și Nig.

Ma l'amore di Buck per John Thornton non fece che aumentare con il tempo.

Dar dragostea lui Buck pentru John Thornton s-a adâncit în timp.

Solo Thornton poteva mettere uno zaino sulla schiena di Buck durante l'estate.

Doar Thornton putea să-i pună un rucsac pe spatele lui Buck vara.

Buck era disposto a eseguire senza riserve qualsiasi ordine impartito da Thornton.

Buck era dispus să îndeplinească pe deplin orice i-a poruncit Thornton.

Un giorno, dopo aver lasciato Dawson per le sorgenti del Tanana,

Într-o zi, după ce au plecat din Dawson spre izvoarele râului Tanana,

il gruppo era seduto su una rupe che scendeva per un metro fino a raggiungere la nuda roccia.

Grupul stătea pe o stâncă care cobora un metru până la roca goală.

John Thornton si sedette vicino al bordo e Buck si riposò accanto a lui.

John Thornton stătea aproape de margine, iar Buck se odihnea lângă el.

Thornton ebbe un'idea improvvisa e richiamò l'attenzione degli uomini.

Thornton a avut brusc un gând și le-a atras atenția bărbaților.

Indicò l'altro lato del baratro e diede a Buck un unico comando.

A arătat peste prăpastie și i-a dat lui Buck o singură comandă.

"Salta, Buck!" disse, allungando il braccio oltre il precipizio.

„Sari, Buck!" a spus el, întinzându-și brațul peste prăpastie.

Un attimo dopo dovette afferrare Buck, che stava saltando per obbedire.

Într-o clipă, a trebuit să-l apuce pe Buck, care sărea să se supună.

Hans e Pete si precipitarono in avanti e tirarono entrambi indietro per metterli in salvo.

Hans și Pete s-au repezit înainte și i-au tras pe amândoi înapoi în siguranță.

Dopo che tutto fu finito e che ebbero ripreso fiato, Pete prese la parola.

După ce totul s-a terminat și ei și-au tras sufletul, Pete a luat cuvântul.

«È un amore straordinario», disse, scosso dalla feroce devozione del cane.

„Dragostea e stranie", a spus el, zdruncinat de devotamentul aprig al câinelui.

Thornton scosse la testa e rispose con calma e serietà.

Thornton clătină din cap și răspunse cu o seriozitate calmă.

«No, l'amore è splendido», disse, «ma anche terribile».

„Nu, dragostea e splendidă", a spus el, „dar și teribilă."

"A volte, devo ammetterlo, questo tipo di amore mi fa paura."

„Uneori, trebuie să recunosc, acest tip de iubire mă face să mă tem."

Pete annuì e disse: "Mi dispiacerebbe tanto essere l'uomo che ti tocca".

Pete dădu din cap și spuse: „Nu mi-ar plăcea să fiu cel care te atinge."

Mentre parlava, guardava Buck con aria seria e piena di rispetto.

S-a uitat la Buck în timp ce vorbea, serios și plin de respect.

"Py Jingo!" esclamò Hans in fretta. "Neanch'io, no signore."

„Py Jingo!" spuse Hans repede. „Nici eu, nu, domnule."

Prima che finisse l'anno, i timori di Pete si avverarono a Circle City.

Înainte de sfârșitul anului, temerile lui Pete s-au adeverit la Circle City.

Un uomo crudele di nome Black Burton attaccò una rissa nel bar.

Un bărbat crud pe nume Black Burton s-a bătut în bar.

Era arrabbiato e cattivo, e si scagliava contro un novellino.

Era furios și răutăcios, izbucnind într-un nou-născut picioruș sensibil.

John Thornton intervenne, calmo e bonario come sempre.

John Thornton a intervenit, calm și binevoitor ca întotdeauna.

Buck giaceva in un angolo, con la testa bassa, e osservava Thornton attentamente.

Buck stătea întins într-un colț, cu capul plecat, privindu-l atent pe Thornton.

Burton colpì all'improvviso e il suo pugno fece girare Thornton.

Burton lovi brusc, pumnul său făcându-l pe Thornton să se întoarcă.

Solo la ringhiera della sbarra gli impedì di cadere violentemente a terra.

Doar balustrada barei l-a împiedicat să se prăbușească puternic la pământ.

Gli osservatori hanno sentito un suono che non era un abbaio o un guaito

Privitorii au auzit un sunet care nu era un lătrat sau un țipăt

Buck emise un profondo ruggito mentre si lanciava verso l'uomo.

Un răget adânc s-a auzit dinspre Buck în timp ce se arunca spre bărbat.

Burton alzò il braccio e per poco non si salvò la vita.

Burton și-a ridicat brațul și abia și-a salvat propria viață.

Buck si schiantò contro di lui, facendolo cadere a terra.

Buck s-a izbit de el, trântindu-l la pământ.

Buck gli diede un morso profondo al braccio, poi si lanciò alla gola.

Buck a mușcat adânc de brațul bărbatului, apoi s-a repezit la gât.

Burton riuscì a parare solo in parte e il suo collo fu squarciato.

Burton nu a putut bloca decât parțial, iar gâtul îi era smuls.

Gli uomini si precipitarono dentro, brandendo i manganelli e allontanarono Buck dall'uomo sanguinante.

Bărbații s-au năpustit înăuntru, cu bâtele ridicate, și l-au alungat pe Buck de lângă omul însângerat.

Un chirurgo ha lavorato rapidamente per impedire che il sangue fuoriuscisse.

Un chirurg a acționat rapid pentru a opri curgerea sângelui.

Buck camminava avanti e indietro ringhiando, tentando di attaccare ancora e ancora.

Buck se plimba de colo colo și mârâia, încercând să atace iar și iar.

Soltanto i bastoni oscillanti gli impedirono di raggiungere Burton.

Doar crosele de leagăn l-au împiedicat să ajungă la Burton.

Proprio lì, sul posto, venne convocata una riunione dei minatori.

O adunare a minerilor a fost convocată și s-a ținut chiar acolo, la fața locului.

Concordarono sul fatto che Buck era stato provocato e votarono per liberarlo.

Au fost de acord că Buck fusese provocat și au votat pentru eliberarea lui.

Ma il nome feroce di Buck risuonava ormai in ogni accampamento dell'Alaska.

Dar numele feroce al lui Buck răsuna acum în fiecare tabără din Alaska.

Più tardi, quello stesso autunno, Buck salvò Thornton di nuovo in un modo nuovo.

Mai târziu în acea toamnă, Buck l-a salvat din nou pe Thornton într-un mod nou.

I tre uomini stavano guidando una lunga barca lungo delle rapide impetuose.

Cei trei bărbați călăuzeau o barcă lungă pe repezișuri accidentate.

Thornton manovrava la barca, gridando indicazioni per raggiungere la riva.

Thornton conducea barca, strigând indicații către țărm.

Hans e Pete correvano sulla terraferma, tenendo una corda da un albero all'altro.

Hans și Pete au alergat pe uscat, ținând o frânghie din copac în copac.

Buck procedeva a passo d'uomo sulla riva, tenendo sempre d'occhio il suo padrone.

Buck ținea pasul pe mal, privindu-și mereu stăpânul.

In un punto pericoloso, delle rocce sporgevano dall'acqua veloce.

Într-un loc neplăcut, pietre ieșeau sub apa repezită.

Hans lasciò andare la cima e Thornton tirò la barca verso la larghezza.

Hans a dat drumul la frânghie, iar Thornton a virat barca pe o parte și pe alta.

Hans corse a percorrerla di nuovo, superando le pericolose rocce.

Hans a sprintat să ajungă din nou la barcă, trecând de stâncile periculoase.

La barca superò la sporgenza ma trovò una corrente più forte.

Barca a trecut de cornișă, dar a lovit o parte mai puternică a curentului.

Hans afferrò la cima troppo velocemente e fece perdere l'equilibrio alla barca.

Hans a apucat frânghia prea repede și a dezechilibrat barca.

La barca si capovolse e sbatté contro la riva, con la parte inferiore rivolta verso l'alto.

Barca s-a răsturnat și s-a izbit de mal, cu fundul în sus.

Thornton venne scaraventato fuori e trascinato nella parte più selvaggia dell'acqua.

Thornton a fost aruncat afară și măturăt în cea mai sălbatică parte a apei.

Nessun nuotatore sarebbe sopravvissuto in quelle acque pericolose e pericolose.

Niciun înotător nu ar fi putut supraviețui în acele ape mortale, grăbite.

Buck si lanciò all'istante e inseguì il suo padrone lungo il fiume.

Buck a sărit instantaneu în şa şi şi-a urmărit stăpânul în josul râului.

Dopo trecento metri finalmente raggiunse Thornton.

După trei sute de metri, a ajuns în sfârşit la Thornton.

Thornton afferrò la coda di Buck, e Buck si diresse verso la riva.

Thornton l-a apucat pe Buck de coadă, iar Buck s-a întors spre ţărm.

Nuotò con tutte le sue forze, lottando contro la forte resistenza dell'acqua.

A înotat cu toate puterile, luptând împotriva rezistenţei sălbatice a apei.

Si spostarono verso valle più velocemente di quanto riuscissero a raggiungere la riva.

S-au deplasat în aval mai repede decât au putut ajunge la ţărm.

Più avanti, il fiume ruggiva più forte, precipitando in rapide mortali.

În faţă, râul vuia mai tare pe măsură ce se prăbuşea în repezişuri mortale.

Le rocce fendevano l'acqua come i denti di un enorme pettine.

Pietrele tăiau apa ca dinţii unui pieptene uriaş.

La forza di attrazione dell'acqua nei pressi del dislivello era selvaggia e ineluttabile.

Atracţia apei lângă picătură era sălbatică şi inevitabilă.

Thornton sapeva che non sarebbero mai riusciti a raggiungere la riva in tempo.

Thornton ştia că nu vor putea niciodată ajunge la ţărm la timp.

Raschiò una roccia, ne sbatté una seconda,

A zgâriat o piatră, s-a izbit de a doua,

Poi si schiantò contro una terza roccia, afferrandola con entrambe le mani.

Şi apoi s-a izbit de o a treia piatră, apucând-o cu ambele mâini.

Lasciò andare Buck e urlò sopra il ruggito: "Vai, Buck! Vai!"

L-a lăsat pe Buck şi a strigat peste vuiet: „Hai, Buck! Hai!"

Buck non riuscì a restare a galla e fu trascinato dalla corrente.

Buck nu a mai putut să se menţină la suprafaţă şi a fost luat în jos de curent.

Lottò con tutte le sue forze, cercando di girarsi, ma non fece alcun progresso.

S-a luptat din greu, chinuindu-se să se întoarcă, dar nu a făcut niciun progres.

Poi sentì Thornton ripetere il comando sopra il fragore del fiume.

Apoi l-a auzit pe Thornton repetând comanda peste vuietul râului.

Buck si impennò fuori dall'acqua e sollevò la testa come per dare un'ultima occhiata.

Buck ieşi din apă şi îşi ridică capul ca şi cum ar fi vrut să arunce o ultimă privire.

poi si voltò e obbedì, nuotando verso la riva con risolutezza.

apoi s-a întors şi s-a supus, înotând spre mal cu hotărâre.

Pete e Hans lo tirarono a riva all'ultimo momento possibile.

Pete şi Hans l-au tras la mal în ultimul moment posibil.

Sapevano che Thornton avrebbe potuto aggrapparsi alla roccia solo per pochi minuti.

Ştiau că Thornton se mai putea agăţa de stâncă doar câteva minute în plus.

Corsero su per la riva fino a un punto molto più in alto rispetto al punto in cui lui era appeso.

Au alergat pe mal până într-un loc mult deasupra locului unde atârna el.

Legarono con cura la cima della barca al collo e alle spalle di Buck.

Au legat cu grijă parâma bărcii de gâtul şi umerii lui Buck.

La corda era stretta ma abbastanza larga da permettere di respirare e muoversi.

Frânghia era strânsă, dar suficient de slăbită pentru a putea respira şi a te mişca.

Poi lo gettarono di nuovo nel fiume impetuoso e mortale.

Apoi l-au aruncat din nou în râul repetat și mortal.

Buck nuotò coraggiosamente ma non riuscì a prendere l'angolazione giusta per affrontare la forza della corrente.

Buck a înotat cu îndrăzneală, dar a ratat unghiul și a nimerit-o în forța curentului.

Si accorse troppo tardi che stava per superare Thornton.

A văzut prea târziu că avea să treacă pe lângă Thornton.

Hans tirò forte la corda, come se Buck fosse una barca che si capovolge.

Hans a smucit și mai tare frânghia, ca și cum Buck ar fi fost o barcă care se răstoarnă.

La corrente lo trascinò sott'acqua e lui scomparve sotto la superficie.

Curentul l-a tras sub apă, iar el a dispărut sub suprafață.

Il suo corpo colpì la riva prima che Hans e Pete lo tirassero fuori.

Corpul său a lovit malul înainte ca Hans și Pete să-l scoată afară.

Era mezzo annegato e gli tolsero l'acqua dal corpo.

Era pe jumătate înecat, iar l-au scos cu mâna până a scos apa din el.

Buck si alzò, barcollò e crollò di nuovo a terra.

Buck se ridică, se clătină și se prăbuși din nou la pământ.

Poi udirono la voce di Thornton portata debolmente dal vento.

Apoi au auzit vocea lui Thornton, purtată slab de vânt.

Sebbene le parole non fossero chiare, sapevano che era vicino alla morte.

Deși cuvintele erau neclare, știau că era aproape de moarte.

Il suono della voce di Thornton colpì Buck come una scossa elettrica.

Sunetul vocii lui Thornton l-a lovit pe Buck ca o șoc electric.

Saltò in piedi e corse su per la riva, tornando al punto di partenza.

A sărit în sus și a alergat pe mal, întorcându-se la punctul de lansare.

Legarono di nuovo la corda a Buck, e di nuovo lui entrò nel fiume.

Din nou au legat frânghia de Buck și din nou a intrat în pârâu.

Questa volta nuotò direttamente e con decisione nell'acqua impetuosa.

De data aceasta, a înotat direct și ferm în apa care se revărsa.

Hans lasciò scorrere la corda con regolarità, mentre Pete impediva che si aggrovigliasse.

Hans a eliberat frânghia încet, în timp ce Pete o împiedica să se încurce.

Buck nuotò con forza finché non si trovò allineato appena sopra Thornton.

Buck a înotat cu greu până a ajuns chiar deasupra lui Thornton.

Poi si voltò e si lanciò verso di lui come un treno a tutta velocità.

Apoi s-a întors și a năvălit ca un tren în viteză maximă.

Thornton lo vide arrivare, si preparò e gli abbracciò il collo.

Thornton l-a văzut venind, s-a pregătit și l-a cuprins cu brațele.

Hans legò saldamente la corda attorno a un albero mentre entrambi venivano tirati sott'acqua.

Hans a legat strâns frânghia în jurul unui copac în timp ce amândoi erau trași sub apă.

Caddero sott'acqua, schiantandosi contro rocce e detriti del fiume.

S-au rostogolit sub apă, izbindu-se de pietre și resturi de râu.

Un attimo prima Buck era in cima e un attimo dopo Thornton si alzava ansimando.

Într-o clipă Buck era deasupra, în următoarea Thornton se ridica gâfâind.

Malconci e soffocati, si diressero verso la riva e si misero in salvo.

Bătuți și sufocați, au virat spre mal și în siguranță.

Thornton riprese conoscenza mentre era sdraiato su un tronco alla deriva.

Thornton și-a recăpătat cunoștința, întins pe un buștean plutitor.

Hans e Pete lavorarono duramente per riportarlo a respirare e a vivere.

Hans și Pete l-au muncit din greu ca să-i redea suflul și viața.

Il suo primo pensiero fu per Buck, che giaceva immobile e inerte.

Primul său gând a fost pentru Buck, care zăcea nemișcat și inert.

Nig ululò sul corpo di Buck e Skeet gli leccò delicatamente il viso.

Nig a urlat peste corpul lui Buck, iar Skeet i-a lins ușor fața.

Thornton, dolorante e contuso, esaminò Buck con mano attenta.

Thornton, învinețit și rănit, îl examină pe Buck cu mâini atente.

Ha trovato tre costole rotte, ma il cane non presentava ferite mortali.

A găsit trei coaste rupte, dar nicio rană mortală la câine.

"Questo è tutto", disse Thornton. "Ci accamperemo qui". E così fecero.

„Asta e rezolvat", a spus Thornton. „Noi campăm aici." Și așa au făcut.

Rimasero lì finché le costole di Buck non guarirono e lui poté di nuovo camminare.

Au rămas până când lui Buck i s-au vindecat coastele și a putut merge din nou.

Quell'inverno Buck compì un'impresa che accrebbe ulteriormente la sua fama.

În iarna aceea, Buck a realizat o ispravă care i-a sporit și mai mult faima.

Fu un gesto meno eroico del salvataggio di Thornton, ma altrettanto impressionante.

A fost mai puțin eroic decât salvarea lui Thornton, dar la fel de impresionant.

A Dawson, i soci avevano bisogno di provviste per un viaggio lontano.

La Dawson, partenerii aveau nevoie de provizii pentru o călătorie îndepărtată.

Volevano viaggiare verso est, in terre selvagge e incontaminate.

Ei voiau să călătorească spre Est, în ținuturi sălbatice neatinse.

Quel viaggio fu possibile grazie all'impresa compiuta da Buck nell'Eldorado Saloon.

Fapta lui Buck în Saloonul Eldorado a făcut posibilă acea călătorie.

Tutto cominciò con degli uomini che si vantavano dei loro cani bevendo qualcosa.

A început cu bărbați care se lăudau cu câinii lor în timp ce beau băuturi.

La fama di Buck lo rese bersaglio di sfide e dubbi.

Faima lui Buck l-a transformat în ținta provocărilor și a îndoielilor.

Thornton, fiero e calmo, rimase fermo nel difendere il nome di Buck.

Thornton, mândru și calm, a rămas neclintit în apărarea numelui lui Buck.

Un uomo ha affermato che il suo cane riusciva a trainare facilmente duecentocinquanta chili.

Un bărbat a spus că câinele său putea trage cu ușurință cinci sute de kilograme.

Un altro disse seicento, e un terzo si vantò di settecento.

Altul a zis șase sute, iar al treilea s-a lăudat cu șapte sute.

"Pfft!" disse John Thornton, "Buck può trainare una slitta da mille libbre."

„Pfft!" a spus John Thornton, „Buck poate trage o sanie de o mie de livre."

Matthewson, un Bonanza King, si sporse in avanti e lo sfidò.

Matthewson, un Rege Bonanza, s-a aplecat în față și l-a provocat.

"Pensi che possa spostare tutto quel peso?"

„Crezi că poate pune atâta greutate în mișcare?"

"E pensi che riesca a sollevare il peso per cento metri?"

„Și crezi că poate trage greutatea o sută de metri?"

Thornton rispose freddamente: "Sì. Buck è abbastanza cane da farlo."

Thornton a răspuns rece: „Da. Buck e destul de isteț ca să facă asta."

"Metterà in moto mille libbre e la tirerà per cento metri."

„Va pune în mișcare o mie de livre și o va trage o sută de metri."

Matthewson sorrise lentamente e si assicurò che tutti gli uomini udissero le sue parole.

Matthewson zâmbi încet și se asigură că toți bărbații îi auzeau cuvintele.

"Ho mille dollari che dicono che non può. Eccoli."

„Am o mie de dolari care spun că nu poate. Uite-i."

Sbatté sul bancone un sacco di polvere d'oro grande quanto una salsiccia.

A trântit pe bar un sac cu praf de aur de mărimea unui cârnat.

Nessuno disse una parola. Il silenzio si fece pesante e teso intorno a loro.

Nimeni nu a scos un cuvânt. Tăcerea a devenit grea și tensionată în jurul lor.

Il bluff di Thornton, se mai lo fu, era stato preso sul serio.

Bluful lui Thornton — dacă era unul — fusese luat în serios.

Sentì il calore salirgli al viso mentre il sangue gli affluiva alle guance.

A simțit căldura cum îi crește în față, în timp ce sângele i se năpustea în obraji.

In quel momento la sua lingua aveva preceduto la ragione.

Limba lui îi depășise rațiunea în acel moment.

Non sapeva davvero se Buck sarebbe riuscito a spostare mille libbre.

Chiar nu știa dacă Buck putea muta o mie de livre.

Mezza tonnellata! Solo la sua mole gli faceva sentire il cuore pesante.

O jumătate de tonă! Numai dimensiunea ei îi făcea să simtă inima grea.

Aveva fiducia nella forza di Buck e lo riteneva capace.

Avea încredere în puterea lui Buck și îl crezuse capabil.

Ma non aveva mai affrontato una sfida di questo tipo, non in questo modo.

Dar nu se mai confruntase niciodată cu o astfel de provocare, nu în felul acesta.

Una dozzina di uomini lo osservavano in silenzio, in attesa di vedere cosa avrebbe fatto.

O duzină de bărbați îl priveau în liniște, așteptând să vadă ce va face.

Lui non aveva i soldi, e nemmeno Hans e Pete.

Nu avea banii — nici Hans, nici Pete.

"Ho una slitta fuori", disse Matthewson in modo freddo e diretto.

— Am o sanie afară, spuse Matthewson rece și direct.

"È carico di venti sacchi, da cinquanta libbre ciascuno, tutti di farina.

„E încărcat cu douăzeci de saci, câte cincizeci de livre fiecare, numai făină."

Quindi non lasciare che la scomparsa della slitta diventi la tua scusa", ha aggiunto.

„Așa că nu lăsați ca o sanie pierdută să fie scuza voastră acum", a adăugat el.

Thornton rimase in silenzio. Non sapeva che parole dire.

Thornton a rămas tăcut. Nu știa ce cuvinte să spună.

Guardò i volti intorno a sé senza vederli chiaramente.

S-a uitat în jur la fețe fără să le vadă clar.

Sembrava un uomo immerso nei suoi pensieri, che cercava di ripartire.

Arăta ca un om încremenit în gânduri, încercând să o ia din nou la fugă.

Poi incontrò Jim O'Brien, un amico dei tempi dei Mastodon.

Apoi l-a văzut pe Jim O'Brien, un prieten din zilele Mastodontului.

Quel volto familiare gli diede un coraggio che non sapeva di avere.

Chipul acela familiar i-a dat un curaj pe care nici nu știa că îl are.

Si voltò e chiese a bassa voce: "Puoi prestarmi mille dollari?"

S-a întors și a întrebat în șoaptă: „Îmi poți împrumuta o mie?"

"Certo", disse O'Brien, lasciando cadere un pesante sacco vicino all'oro.

— Sigur, spuse O'Brien, lăsând deja un sac greu lângă aur.

"Ma sinceramente, John, non credo che la bestia possa fare questo."

„Dar, sincer să fiu, John, nu cred că fiara poate face așa ceva."

Tutti quelli presenti all'Eldorado Saloon si precipitarono fuori per assistere all'evento.

Toți cei din Saloonul Eldorado s-au grăbit afară să vadă evenimentul.

Lasciarono tavoli e bevande e perfino le partite furono sospese.

Au lăsat mese și băuturi, ba chiar și jocurile au fost puse pe pauză.

Croupier e giocatori accorsero per assistere alla conclusione di questa audace scommessa.

Dealerii și jucătorii au venit să asiste la sfârșitul pariului îndrăzneț.

Centinaia di persone si radunarono attorno alla slitta sulla strada ghiacciata.

Sute de oameni s-au adunat în jurul saniei pe strada deschisă și înghețată.

La slitta di Matthewson era carica di un carico completo di sacchi di farina.

Sania lui Matthewson stătea cu o încărcătură completă de saci de făină.

La slitta era rimasta ferma per ore a temperature sotto lo zero.

Sania stătuse ore în șir la temperaturi sub zero grade.

I pattini della slitta erano congelati e incollati alla neve compatta.

Slide-urile saniei erau înghețate strâns de zăpada tasată.

Gli uomini scommettevano due a uno che Buck non sarebbe riuscito a spostare la slitta.

Bărbații ofereau șanse de două la unu ca Buck să nu poată mișca sania.

Scoppiò una disputa su cosa significasse realmente "break out".

A izbucnit o dispută despre ce însemna de fapt „erupție".

O'Brien ha affermato che Thornton dovrebbe allentare la base ghiacciata della slitta.

O'Brien a spus că Thornton ar trebui să slăbească baza înghețată a saniei.

Buck potrebbe quindi "rompere" una partenza solida e immobile.

Buck putea apoi „să se desprindă" dintr-un început solid, nemișcat.

Matthewson sosteneva che anche il cane doveva liberare i corridori.

Matthewson a susținut că și câinele trebuie să-i elibereze pe alergători.

Gli uomini che avevano sentito la scommessa concordavano con Matthewson.

Bărbații care auziseră pariul au fost de acord cu punctul de vedere al lui Matthewson.

Con questa sentenza, le probabilità contro Buck salirono a tre a uno.

Odată cu această hotărâre, șansele au crescut la trei la unu împotriva lui Buck.

Nessuno si fece avanti per accettare le crescenti quote di tre a uno.

Nimeni nu a făcut un pas înainte pentru a accepta cotele crescânde de trei la unu.

Nessuno credeva che Buck potesse compiere la grande impresa.

Niciun om nu credea că Buck poate realiza marea ispravă.

Thornton era stato spinto a scommettere, pieno di dubbi.

Thornton fusese implicat în pariu în grabă, copleșit de îndoieli.

Ora guardava la slitta e la muta di dieci cani accanto ad essa.

Acum se uita la sanie și la perechea de zece câini de lângă ea.

Vedere la realtà del compito lo faceva sembrare ancora più impossibile.

Văzând realitatea sarcinii, aceasta părea și mai imposibilă.

In quel momento Matthewson era pieno di orgoglio e sicurezza.

Matthewson era plin de mândrie și încredere în acel moment.

"Tre a uno!" urlò. "Ne scommetto altri mille, Thornton!

„Trei la unu!", a strigat el. „Pun pariu pe încă o mie, Thornton!"

"Cosa dici?" aggiunse, abbastanza forte da farsi sentire da tutti.

„Ce spui?", a adăugat el, suficient de tare ca să audă toată lumea.

Il volto di Thornton esprimeva i suoi dubbi, ma il suo spirito era sollevato.

Fața lui Thornton îi citea îndoielile, dar moralul îi crescuse.

Quello spirito combattivo ignorava le avversità e non temeva nulla.

Acel spirit de luptă ignora adversitățile și nu se temea de nimic.

Chiamò Hans e Pete perché portassero tutti i loro soldi al tavolo.

I-a chemat pe Hans și Pete să le aducă toți banii la masă.

Non gli era rimasto molto altro: solo duecento dollari in tutto.

Le-a mai rămas puțin – doar două sute de dolari la un loc.

Questa piccola somma costituiva la loro intera fortuna nei momenti difficili.

Această mică sumă a fost averea lor totală în vremuri grele.

Ciononostante puntarono tutta la loro fortuna contro la scommessa di Matthewson.

Totuși, au pus toată averea la pariul lui Matthewson.

La muta composta da dieci cani venne sganciata e allontanata dalla slitta.

Perechea de zece câini a fost dehamată și s-a îndepărtat de sanie.

Buck venne messo alle redini, indossando la sua consueta imbracatura.

Buck a fost așezat în frâie, purtând hamul său familiar.

Aveva colto l'energia della folla e ne aveva percepito la tensione.

Prinsese energia mulțimii și simțise tensiunea.

In qualche modo sapeva che doveva fare qualcosa per John Thornton.

Cumva, știa că trebuie să facă ceva pentru John Thornton.

La gente mormorava ammirata di fronte alla figura fiera del cane.

Oamenii murmurau cu admirație la vederea siluetei mândre a câinelui.

Era magro e forte, senza un solo grammo di carne in più.

Era suplu și puternic, fără niciun gram de carne în plus.

Il suo peso di centocinquanta chili era sinonimo di potenza e resistenza.

Greutatea sa totală de o sută cincizeci de kilograme era numai putere și rezistență.

Il mantello di Buck brillava come la seta, denso di salute e forza.

Haina lui Buck strălucea ca mătasea, bogată în sănătate și putere.

La pelliccia sul collo e sulle spalle sembrava sollevarsi e drizzarsi.

Blana de pe gâtul și umerii lui părea să se ridice și să se zbârlească.

La sua criniera si muoveva leggermente, ogni capello era animato dalla sua grande energia.

Coama i se mișca ușor, fiecare fir de păr vibrând de energia lui imensă.

Il suo petto ampio e le sue gambe forti si sposavano bene con la sua corporatura pesante e robusta.

Pieptul său lat și picioarele puternice se potriveau cu silueta sa grea și rezistentă.

I muscoli si tesero sotto il cappotto, tesi e sodi come ferro legato.

Mușchii i se unduiau sub haină, încordați și fermi ca fierul legat.

Gli uomini lo toccavano e giuravano che era fatto come una macchina d'acciaio.

Bărbații l-au atins și au jurat că era construit ca o mașină de oțel.

Le probabilità contro il grande cane sono scese leggermente a due a uno.

Cotele au scăzut ușor la două la unu împotriva marelui câine.

Un uomo dei banchi di Skookum si fece avanti balbettando.

Un bărbat de pe Băncile Skookum se împinse înainte, bâlbâindu-se.

"Bene, signore! Offro ottocento per lui... prima della prova, signore!"

„Bine, domnule! Ofer opt sute pentru el... înainte de test, domnule!"

"Ottocento, così com'è adesso!" insistette l'uomo.

„Opt sute, așa cum stă el acum!", a insistat bărbatul.

Thornton fece un passo avanti, sorrise e scosse la testa con calma.

Thornton a făcut un pas înainte, a zâmbit și a clătinat calm din cap.

Matthewson intervenne rapidamente con tono ammonitore e aggrottando la fronte.

Matthewson a intervenit rapid cu o voce de avertizare și încruntându-se.

"Devi allontanarti da lui", disse. "Dagli spazio."

„Trebuie să te îndepărtezi de el", a spus el. „Dă-i spațiu."

La folla tacque; solo i giocatori continuavano a offrire due a uno.

Mulțimea a tăcut; doar jucătorii mai ofereau doi la unu.

Tutti ammiravano la corporatura di Buck, ma il carico sembrava troppo pesante.

Toată lumea admira constituția lui Buck, dar încărcătura părea prea mare.

Venti sacchi di farina, ciascuno del peso di cinquanta libbre, sembravano decisamente troppi.

Douăzeci de saci de făină – fiecare cântărind cincisprezece kilograme – păreau mult prea mult.

Nessuno era disposto ad aprire la borsa e a rischiare i propri soldi.

Nimeni nu era dispus să-şi deschidă punga şi să-şi rişte banii.

Thornton si inginocchiò accanto a Buck e gli prese la testa tra entrambe le mani.

Thornton a îngenuncheat lângă Buck şi i-a luat capul în ambele mâini.

Premette la guancia contro quella di Buck e gli parlò all'orecchio.

Şi-a lipit obrazul de al lui Buck şi i-a vorbit la ureche.

Non c'erano più né scossoni giocosi né insulti affettuosi sussurrati.

Acum nu se mai auzea nicio scuturare jucăuşă sau orice insultă iubitoare şoptită.

Mormorò solo dolcemente: "Quanto mi ami, Buck."

El a murmurat doar încet: „Oricât de mult mă iubeşti, Buck.”

Buck emise un gemito sommesso, trattenendo a stento la sua impazienza.

Buck a scos un geamăt înăbuşit, nerăbdarea sa abia stăpânită.

Gli astanti osservavano con curiosità la tensione che aleggiava nell'aria.

Privitorii au privit cu curiozitate cum tensiunea umplea aerul.

Quel momento sembrava quasi irreale, qualcosa che trascendeva la ragione.

Momentul părea aproape ireal, ca ceva dincolo de raţiune.

Quando Thornton si alzò, Buck gli prese delicatamente la mano tra le fauci.

Când Thornton se ridică în picioare, Buck îi luă uşor mâna în fălci.

Premette con i denti, poi lasciò andare lentamente e delicatamente.

A apăsat cu dinţii, apoi a eliberat încet şi uşor.

Fu una risposta silenziosa d'amore, non detta, ma compresa.

A fost un răspuns tăcut al iubirii, nu rostit, ci înțeles.

Thornton si allontanò di molto dal cane e diede il segnale.

Thornton se îndepărtă mult de câine și dădu semnalul.

"Ora, Buck", disse, e Buck rispose con calma concentrata.

„Acum, Buck", a spus el, iar Buck a răspuns cu un calm concentrat.

Buck tese le corde, poi le allentò di qualche centimetro.

Buck a strâns șinele, apoi le-a slăbit cu câțiva centimetri.

Questo era il metodo che aveva imparato; il suo modo per rompere la slitta.

Aceasta era metoda pe care o învățase; felul lui de a sparge sania.

"Caspita!" urlò Thornton, con voce acuta nel silenzio pesante.

„Uau!" a strigat Thornton, cu vocea ascuțită în tăcerea apăsătoare.

Buck si girò verso destra e si lanciò con tutto il suo peso.

Buck s-a întors spre dreapta și s-a aruncat cu toată greutatea.

Il gioco svanì e tutta la massa di Buck colpì le timonerie strette.

Slaba a dispărut, iar întreaga masă a lui Buck a lovit șinele înguste.

La slitta tremò e i pattini produssero un suono secco e scoppiettante.

Sania tremura, iar patinele scoteau un sunet ascuțit de trosnet.

"Haw!" ordinò Thornton, cambiando di nuovo direzione a Buck.

„Ha!" a comandat Thornton, schimbându-i din nou direcția lui Buck.

Buck ripeté la mossa, questa volta tirando bruscamente verso sinistra.

Buck repetă mișcarea, de data aceasta trăgând brusc spre stânga.

La slitta scricchiolava più forte, i pattini schioccavano e si spostavano.

Sania trosni mai tare, glisierele pocnind și mișcându-se.

Il pesante carico scivolò leggermente di lato sulla neve ghiacciata.

Încărcătura grea a alunecat ușor în lateral pe zăpada înghețată.

La slitta si era liberata dalla presa del sentiero ghiacciato!

Sania se eliberase din strânsoarea potecii înghețate!

Gli uomini trattennero il respiro, inconsapevoli di non stare nemmeno respirando.

Bărbații și-au ținut respirația, fără să-și dea seama că nici măcar nu respirau.

"Ora, TIRA!" gridò Thornton nel silenzio glaciale.

„Acum, TRAGE!" a strigat Thornton prin tăcerea înghețată.

Il comando di Thornton risuonò netto, come lo schiocco di una frusta.

Comanda lui Thornton a răsunat ascuțit, ca pocnetul unui bici.

Buck si lanciò in avanti con un affondo violento e violento.

Buck s-a aruncat înainte cu o lovitură feroce și zdruncinată.

Tutto il suo corpo si irrigidì e si contrasse sotto l'enorme sforzo.

Întregul său corp s-a încordat și s-a contractat pentru efortul imens.

I muscoli si muovevano sotto la pelliccia come serpenti che prendevano vita.

Mușchii i se unduiau sub blană ca niște șerpi care prindeau viață.

Il suo grande petto era basso e la testa era protesa in avanti verso la slitta.

Pieptul său lat era jos, cu capul întins înainte, spre sanie.

Le sue zampe si muovevano come fulmini e gli artigli fendevano il terreno ghiacciato.

Labele lui se mișcau ca fulgerul, ghearele sfâșiind pământul înghețat.

I solchi erano profondi mentre lottava per ogni centimetro di trazione.

Șanțurile erau adânci în timp ce se lupta pentru fiecare centimetru de aderență.

La slitta ondeggiò, tremò e cominciò a muoversi lentamente e in modo inquieto.

Sania se legăna, tremura și începu o mișcare lentă și neliniștită.

Un piede scivolò e un uomo tra la folla gemette ad alta voce.

Un picior a alunecat, iar un bărbat din mulțime a gemut tare.

Poi la slitta si lanciò in avanti con un movimento brusco e a scatti.

Apoi sania s-a năpustit înainte cu o mișcare bruscă și smucită.

Non si fermò più: mezzo pollice...un pollice...cinque pollici in più.

Nu s-a mai oprit — încă un centimetru... un centimetru... cinci centimetri.

Gli scossoni si fecero più lievi man mano che la slitta cominciava ad acquistare velocità.

Smuciturile s-au micșorat pe măsură ce sania a început să prindă viteză.

Presto Buck cominciò a tirare con una potenza fluida e uniforme.

Curând, Buck trăgea cu o putere lină, uniformă și de rostogolire.

Gli uomini sussultarono e finalmente si ricordarono di respirare di nuovo.

Bărbații au gâfâit și, în sfârșit, și-au amintit să respire din nou.

Non si erano accorti che il loro respiro si era fermato per lo stupore.

Nu observaseră că li se oprise respirația de uimire.

Thornton gli corse dietro, gridando comandi brevi e allegri.

Thornton alerga în spate, strigând comenzi scurte și vesele.

Davanti a noi c'era una catasta di legna da ardere che segnava la distanza.

În față se afla o grămadă de lemne de foc care marca distanța.

Mentre Buck si avvicinava al mucchio, gli applausi diventavano sempre più forti.

Pe măsură ce Buck se apropia de grămadă, uralele deveneau din ce în ce mai puternice.

Gli applausi crebbero fino a diventare un boato quando Buck superò il traguardo.

Uralele s-au transformat într-un vuiet când Buck a trecut de punctul final.

Gli uomini saltarono e gridarono, perfino Matthewson sorrise.

Bărbații au sărit și au țipat, chiar și Matthewson a izbucnit într-un rânjet.

I cappelli volavano in aria e i guanti venivano lanciati senza pensarci o mirare.

Pălăriile zburau în aer, mănușile erau aruncate fără gânduri sau țintiri.

Gli uomini si afferrarono e si strinsero la mano senza sapere chi.

Bărbații se apucau unii de alții și își dădeau mâna fără să știe cine.

Tutta la folla era in delirio, in un tripudio di gioia e di entusiasmo.

Toată mulțimea zumzăia într-o sărbătoare sălbatică și veselă.

Thornton cadde in ginocchio accanto a Buck con le mani tremanti.

Thornton a căzut în genunchi lângă Buck, cu mâinile tremurânde.

Premette la testa contro quella di Buck e lo scosse delicatamente avanti e indietro.

Și-a lipit capul de al lui Buck și l-a clătinat ușor înainte și înapoi.

Chi si avvicinava lo sentiva maledire il cane con amore silenzioso.

Cei care s-au apropiat l-au auzit blestemând câinele cu o dragoste tăcută.

Imprecò a lungo contro Buck, con dolcezza, calore, emozione.

L-a înjurat pe Buck mult timp – încet, călduros, cu emoție.

"Bene, signore! Bene, signore!" esclamò di corsa il re della panchina di Skookum.

„Bine, domnule! Bine, domnule!", a strigat în grabă regele Băncii Skookum.

"Le darò mille, anzi milleduecento, per quel cane, signore!"

„Îți dau o mie — nu, o mie două sute — pentru câinele ăla, domnule!"

Thornton si alzò lentamente in piedi, con gli occhi brillanti di emozione.

Thornton se ridică încet în picioare, cu ochii strălucind de emoție.

Le lacrime gli rigavano le guance senza alcuna vergogna.

Lacrimile i se prelingeau șiroaie pe obraji, fără nicio rușine.

"Signore", disse al re della panchina di Skookum, con fermezza e fermezza

„Domnule", i-a spus el regelui Băncii Skookum, calm și ferm

"No, signore. Può andare all'inferno, signore. Questa è la mia risposta definitiva."

„Nu, domnule. Puteți merge dracului, domnule. Acesta este răspunsul meu final."

Buck afferrò delicatamente la mano di Thornton tra le sue forti mascelle.

Buck apucă ușor mâna lui Thornton în fălcile sale puternice.

Thornton lo scosse scherzosamente; il loro legame era più profondo che mai.

Thornton îl scutură în joacă, legătura lor fiind ca întotdeauna profundă.

La folla, commossa dal momento, fece un passo indietro in silenzio.

Mulțimea, mișcată de moment, s-a retras în tăcere.

Da quel momento in poi nessuno osò più interrompere un affetto così sacro.

De atunci încolo, nimeni nu a mai îndrăznit să întrerupă o astfel de afecțiune sacră.

Il suono della chiamata
Sunetul apelului

Buck aveva guadagnato milleseicento dollari in cinque minuti.

Buck câștigase o mie șase sute de dolari în cinci minute.

Il denaro permise a John Thornton di saldare alcuni dei suoi debiti.

Banii i-au permis lui John Thornton să-și achite o parte din datorii.

Con il resto del denaro si diresse verso est insieme ai suoi soci.

Cu restul banilor, s-a îndreptat spre est împreună cu partenerii săi.

Cercarono una leggendaria miniera perduta, antica quanto il paese stesso.

Au căutat o mină pierdută despre care se spunea, la fel de veche ca țara însăși.

Molti uomini avevano cercato la miniera, ma pochi l'avevano trovata.

Mulți bărbați căutaseră mina, dar puțini o găsiseră vreodată.

Molti uomini erano scomparsi durante la pericolosa ricerca.

Mai mult de câțiva bărbați dispăruseră în timpul periculoasei căutări.

Questa miniera perduta era avvolta nel mistero e nella vecchia tragedia.

Această mină pierdută era învăluită atât în mister, cât și în tragedie veche.

Nessuno sapeva chi fosse stato il primo uomo a scoprire la miniera.

Nimeni nu știa cine fusese primul om care găsise mina.

Le storie più antiche non menzionano nessuno per nome.

Cele mai vechi povești nu menționează pe nimeni pe nume.

Lì c'era sempre stata una vecchia capanna fatiscente.

Întotdeauna fusese acolo o cabană veche și dărăpănată.

I moribondi avevano giurato che vicino a quella vecchia capanna ci fosse una miniera.

Nişte muribunzi juraseră că lângă vechea cabană se afla o mină.

Hanno dimostrato le loro storie con un oro che non ha eguali altrove.

Şi-au dovedit poveştile cu aur cum nu s-a găsit altundeva.

Nessuna anima viva aveva mai saccheggiato il tesoro da quel luogo.

Niciun suflet viu nu jefuise vreodată comoara din locul acela.

I morti erano morti e i morti non raccontano storie.

Morţii erau morţi, iar morţii nu spun poveşti.

Così Thornton e i suoi amici si diressero verso Est.

Aşa că Thornton şi prietenii săi s-au îndreptat spre est.

Si unirono a noi Pete e Hans, portando con sé Buck e sei cani robusti.

Pete şi Hans s-au alăturat, aducând Buck şi şase câini voinici.

Si avviarono lungo un sentiero sconosciuto dove altri avevano fallito.

Au pornit pe un drum necunoscut, unde alţii eşuaseră.

Percorsero in slitta settanta miglia lungo il fiume Yukon ghiacciato.

Au mers cu sania şaptezeci de mile pe râul Yukon îngheţat.

Girarono a sinistra e seguirono il sentiero verso lo Stewart.

Au virat la stânga şi au urmat poteca spre Stewart.

Superarono il Mayo e il McQuestion e proseguirono oltre.

Au trecut de străzile Mayo şi McQuestion, înaintând mai departe.

Lo Stewart si restringeva fino a diventare un ruscello, infilandosi tra cime frastagliate.

Râul Stewart se micşora într-un pârâu, şerpuind vârfuri zimţate.

Queste vette aguzze rappresentavano la spina dorsale del continente.

Aceste vârfuri ascuţite marcau însăşi coloana vertebrală a continentului.

John Thornton pretendeva poco dagli uomini e dalla terra selvaggia.

John Thornton a cerut puțin de la oameni sau de la pământul sălbatic.

Non temeva nulla della natura e affrontava la natura selvaggia con disinvoltura.

Nu se temea de nimic în natură și înfrunta sălbăticia cu ușurință.

Con solo del sale e un fucile poteva viaggiare dove voleva.

Doar cu sare și o pușcă, putea călători oriunde dorea.

Come gli indigeni, durante il viaggio cacciava per procurarsi il cibo.

La fel ca băștinașii, el vâna hrană în timp ce călătoria.

Se non prendeva nulla, continuava ad andare avanti, confidando nella fortuna che lo attendeva.

Dacă nu prindea nimic, continua să meargă, având încredere în norocul care-i dădea înainte.

Durante questo lungo viaggio, la carne era l'alimento principale di cui si nutrivano.

În această lungă călătorie, carnea a fost principalul lucru pe care l-au mâncat.

La slitta trasportava attrezzi e munizioni, ma non c'era un orario preciso.

Sania conținea unelte și muniție, dar niciun program strict.

Buck amava questo vagabondare, la caccia e la pesca senza fine.

Lui Buck îi plăcea această rătăcire; vânătoarea și pescuitul nesfârșite.

Per settimane viaggiarono senza sosta, giorno dopo giorno.

Timp de săptămâni întregi, au călătorit zi după zi.

Altre volte si accampavano e restavano fermi per settimane.

Alteori își făceau tabere și stăteau nemișcați săptămâni întregi.

I cani riposarono mentre gli uomini scavavano nel terreno ghiacciato.

Câinii s-au odihnit în timp ce bărbații săpau prin pământ înghețat.

Scaldavano le padelle sul fuoco e cercavano l'oro nascosto.

Au încălzit tigăi la foc și au căutat aur ascuns.

C'erano giorni in cui pativano la fame, altri in cui banchettavano.

În unele zile mureau de foame, iar în alte zile aveau ospățuri.

Il loro pasto dipendeva dalla selvaggina e dalla fortuna della caccia.

Mâncarea lor depindea de vânat și de norocul vânătorii.

Con l'arrivo dell'estate, uomini e cani caricavano carichi sulle spalle.

Când venea vara, bărbații și câinii își încărcau povara în spate.

Fecero rafting sui laghi azzurri nascosti nelle foreste di montagna.

Au plutit peste lacuri albastre ascunse în pădurile de munte.

Navigavano su imbarcazioni sottili su fiumi che nessun uomo aveva mai mappato.

Navigau cu bărci subțiri pe râuri pe care niciun om nu le cartografiase vreodată.

Quelle barche venivano costruite con gli alberi che avevano segato in natura.

Acelea bărci au fost construite din copaci pe care i-au tăiat în sălbăticie.

Passarono i mesi e loro viaggiarono attraverso terre selvagge e sconosciute.

Lunile au trecut, iar ei s-au strecurat prin ținuturi sălbatice și necunoscute.

Non c'erano uomini lì, ma vecchie tracce lasciavano intendere che alcuni di loro fossero presenti.

Nu erau bărbați acolo, totuși urme vechi sugerau că fuseseră și alți oameni.

Se la Capanna Perduta fosse esistita davvero, allora altre persone in passato erano passate da lì.

Dacă Cabana Pierdută exista reală, atunci și alții veniseră odată pe aici.

Attraversavano passi alti durante le bufere di neve, anche d'estate.

Au traversat trecători înalte în timpul viscolului, chiar și vara.

Rabbrividivano sotto il sole di mezzanotte sui pendii brulli delle montagne.
Tremurau sub soarele de la miezul nopții, pe pantele goale ale munților.
Tra il limite degli alberi e i campi di neve, salivano lentamente.
Între linia copacilor și câmpurile de zăpadă, au urcat încet.
Nelle valli calde, scacciavano nuvole di moscerini e mosche.
În văile calde, au lovit nori de țânțari și muște.
Raccolsero bacche dolci vicino ai ghiacciai nel pieno della fioritura estiva.
Au cules fructe de pădure dulci lângă ghețari în plină floare de vară.
I fiori che trovarono erano belli quanto quelli del Southland.
Florile pe care le-au găsit erau la fel de frumoase ca cele din Southland.
Quell'autunno giunsero in una regione solitaria piena di laghi silenziosi.
În toamna aceea, au ajuns într-o regiune pustie, plină de lacuri tăcute.
La terra era triste e vuota, un tempo brulicava di uccelli e animali.
Țara era tristă și goală, odinioară plină de păsări și fiare.
Ora non c'era più vita, solo il vento e il ghiaccio che si formava nelle pozze.
Acum nu mai exista viață, doar vântul și gheața care se formau în bălți.
Le onde lambivano le rive deserte con un suono dolce e lugubre.
Valurile se loveau de țărmurile pustii cu un sunet blând și trist.

Arrivò un altro inverno e loro seguirono di nuovo deboli e vecchi sentieri.
A venit o altă iarnă, și au urmat din nou poteci vechi și vagi.
Erano le tracce di uomini che avevano cercato molto prima di loro.

Acestea erau urmele oamenilor care căutaseră cu mult înaintea lor.

Una volta trovarono un sentiero che si inoltrava nel profondo della foresta oscura.

Odată ce au găsit o cărare care se adâncea în pădurea întunecată.

Era un vecchio sentiero e sentivano che la baita perduta era vicina.

Era o potecă veche, iar ei simțeau că cabana pierdută era aproape.

Ma il sentiero non portava da nessuna parte e si perdeva nel fitto del bosco.

Dar poteca nu ducea nicăieri și se pierdea în pădurea deasă.

Nessuno sapeva chi avesse tracciato il sentiero e perché lo avesse fatto.

Oricine ar fi făcut poteca și de ce a făcut-o, nimeni nu știa.

Più tardi trovarono i resti di una capanna nascosta tra gli alberi.

Mai târziu, au găsit epava unei cabane ascunsă printre copaci.

Coperte marce erano sparse dove un tempo qualcuno aveva dormito.

Pături putrede zăceau împrăștiate acolo unde dormise odată cineva.

John Thornton trovò sepolto all'interno un fucile a pietra focaia a canna lunga.

John Thornton a găsit o armă cu silex cu țeavă lungă îngropată înăuntru.

Sapeva fin dai primi tempi che si trattava di un cannone della Hudson Bay.

Știa că era o armă din Hudson Bay încă din primele zile de tranzacționare.

A quei tempi, tali armi venivano barattate con pile di pelli di castoro.

Pe vremea aceea, astfel de arme erau schimbate pe teancuri de piei de castor.

Questo era tutto: non rimaneva alcuna traccia dell'uomo che aveva costruito la loggia.

Asta a fost tot — nu a mai rămas niciun indiciu despre omul care a construit cabana.

Arrivò di nuovo la primavera e non trovarono traccia della Capanna Perduta.
Primăvara a venit din nou și n-au găsit nicio urmă a Cabanei Pierdute.

Invece trovarono un'ampia valle con un ruscello poco profondo.
În schimb, au găsit o vale largă cu un pârâu puțin adânc.

L'oro si stendeva sul fondo della pentola come burro giallo e liscio.
Aurul se întindea pe fundul tigăilor ca untul neted și galben.

Si fermarono lì e non cercarono oltre la cabina.
S-au oprit acolo și n-au mai căutat cabana.

Ogni giorno lavoravano e ne trovavano migliaia di pezzi in polvere d'oro.
În fiecare zi lucrau și găseau mii în praf de aur.

Confezionarono l'oro in sacchi di pelle di alce, da cinquanta libbre ciascuno.
Au împachetat aurul în saci de piele de elan, câte cincizeci de lire fiecare.

I sacchi erano accatastati come legna da ardere fuori dal loro piccolo rifugio.
Sacii erau stivuiți ca lemnele de foc în fața micii lor cabane.

Lavoravano come giganti e i giorni trascorrevano veloci come sogni.
Munceau ca niște giganți, iar zilele treceau ca niște vise rapide.

Accumularono tesori mentre gli infiniti giorni trascorrevano rapidamente.
Au adunat comori pe măsură ce zilele nesfârșite treceau cu repeziciune.

I cani avevano ben poco da fare, se non trasportare la carne di tanto in tanto.
Câinii nu aveau prea multe de făcut în afară de a căra carne din când în când.

Thornton cacciò e uccise la selvaggina, mentre Buck si sdraiò accanto al fuoco.

Thornton a vânat și a ucis prada, iar Buck stătea lângă foc.

Trascorse lunghe ore in silenzio, perso nei pensieri e nei ricordi.

A petrecut ore întregi în tăcere, pierdut în gânduri și amintiri.

L'immagine dell'uomo peloso tornava sempre più spesso alla mente di Buck.

Imaginea bărbatului păros îi venea mai des în minte lui Buck.

Ora che il lavoro scarseggiava, Buck sognava mentre sbatteva le palpebre verso il fuoco.

Acum că de lucru era rar, Buck visa în timp ce clipea la foc.

In quei sogni, Buck vagava con l'uomo in un altro mondo.

În acele vise, Buck rătăcea cu bărbatul într-o altă lume.

La paura sembrava il sentimento più forte in quel mondo lontano.

Frica părea cel mai puternic sentiment în acea lume îndepărtată.

Buck vide l'uomo peloso dormire con la testa bassa.

Buck l-a văzut pe bărbatul păros dormind cu capul plecat.

Aveva le mani giunte e il suo sonno era agitato e interrotto.

Avea mâinile împreunate, iar somnul îi era agitat și întrerupt.

Si svegliava di soprassalto e fissava il buio con timore.

Obișnuia să se trezească brusc și să se uite cu frică în întuneric.

Poi aggiungeva altra legna al fuoco per mantenere viva la fiamma.

Apoi arunca mai multe lemne în foc ca să mențină flacăra aprinsă.

A volte camminavano lungo una spiaggia in riva a un mare grigio e infinito.

Uneori mergeau de-a lungul unei plaje, lângă o mare cenușie și nesfârșită.

L'uomo peloso raccolse i frutti di mare e li mangiò mentre camminava.

Bărbatul păros culegea crustacee și le mânca în timp ce mergea.

I suoi occhi cercavano sempre pericoli nascosti nell'ombra.

Ochii lui căutau mereu pericole ascunse în umbră.

Le sue gambe erano sempre pronte a scattare al primo segno di minaccia.

Picioarele lui erau mereu gata să sprinteze la primul semn de amenințare.

Avanzavano furtivamente nella foresta, silenziosi e cauti, uno accanto all'altro.

S-au strecurat prin pădure, tăcuți și precauți, unul lângă altul.

Buck lo seguì alle calcagna, ed entrambi rimasero all'erta.

Buck l-a urmat, iar amândoi au rămas atenți.

Le loro orecchie si muovevano e si contraevano, i loro nasi fiutavano l'aria.

Urechile li se zvâcneau și se mișcau, nasurile le adulmecau aerul.

L'uomo riusciva a sentire e ad annusare la foresta in modo altrettanto acuto quanto Buck.

Bărbatul putea auzi și mirosi pădurea la fel de ascuțit ca Buck.

L'uomo peloso si lanciò tra gli alberi a velocità improvvisa.

Bărbatul păros se legănă printre copaci cu o viteză bruscă.

Saltava da un ramo all'altro senza mai perdere la presa.

A sărit din creangă în creangă, fără să-și piardă niciodată strânsoarea.

Si muoveva con la stessa rapidità con cui si muoveva sopra e sopra il terreno.

Se mișca la fel de repede deasupra pământului pe cât se mișca pe el.

Buck ricordava le lunghe notti passate sotto gli alberi a fare la guardia.

Buck își amintea nopțile lungi petrecute sub copaci, stând de veghe.

L'uomo dormiva appollaiato sui rami, aggrappandosi forte.

Bărbatul dormea cocoțat în crengi, agățat strâns.

Questa visione dell'uomo peloso era strettamente legata al richiamo profondo.

Această viziune a bărbatului păros era strâns legată de chemarea profundă.

Il richiamo risuonava ancora nella foresta con una forza inquietante.

Chemarea încă răsuna prin pădure cu o forță tulburătoare.

La chiamata riempì Buck di desiderio e di un inquieto senso di gioia.

Apelul l-a umplut pe Buck de dor și de un sentiment neliniștit de bucurie.

Sentì strani impulsi e stimoli a cui non riusciva a dare un nome.

Simțea impulsuri și impulsuri ciudate pe care nu le putea numi.

A volte seguiva la chiamata inoltrandosi nel silenzio dei boschi.

Uneori urma chemarea adânc în liniștea pădurii.

Cercava il richiamo, abbaiando piano o bruscamente mentre camminava.

A căutat chemarea, lătrând încet sau ascuțit pe măsură ce mergea.

Annusò il muschio e il terreno nero dove cresceva l'erba.

A adulmecat mușchiul și pământul negru unde creștea ierburile.

Sbuffò di piacere sentendo i ricchi odori della terra profonda.

A pufnit de încântare la vederea mirosurilor bogate ale adâncurilor pământului.

Rimase accovacciato per ore dietro i tronchi ricoperti di funghi.

A stat ghemuit ore în șir în spatele unor trunchiuri acoperite de ciuperci.

Rimase immobile, ascoltando con gli occhi sgranati ogni minimo rumore.

A rămas nemișcat, ascultând cu ochii mari fiecare sunet minuscul.

Forse sperava di sorprendere la cosa che aveva emesso la chiamata.

Poate că spera să surprindă creatura care dăduse apelul.

Non sapeva perché si comportava in quel modo: lo faceva e basta.

Nu știa de ce se comporta așa – pur și simplu știa.

Questi impulsi provenivano dal profondo, al di là del pensiero o della ragione.

Impulsurile veneau din adâncul sufletului, dincolo de gândire sau rațiune.

Buck fu colto da impulsi irresistibili, senza preavviso o motivo.

Niște impulsuri irezistibile l-au cuprins pe Buck fără avertisment sau motiv.

A volte sonnecchiava pigramente nell'accampamento, sotto il caldo di mezzogiorno.

Uneori moțăia leneș în tabără, sub căldura amiezii.

All'improvviso sollevò la testa e le sue orecchie si drizzarono in allerta.

Deodată, își ridică capul și urechile i se ridică în alertă.

Poi balzò in piedi e si lanciò nella natura selvaggia senza fermarsi.

Apoi a sărit în sus și a năvălit în sălbăticie fără oprire.

Corse per ore attraverso sentieri forestali e spazi aperti.

A alergat ore în șir prin cărări de pădure și spații deschise.

Amava seguire i letti asciutti dei torrenti e spiare gli uccelli sugli alberi.

Îi plăcea să urmeze albiile secate ale pârâurilor și să spioneze păsările din copaci.

Poteva restare nascosto tutto il giorno, osservando le pernici che si pavoneggiavano in giro.

Putea sta ascuns toată ziua, privind potârnichile cum se plimbă țanțoș.

Suonavano i tamburi e marciavano, ignari della presenza immobile di Buck.

Băteau tobe și mărșăluiau, fără să-și dea seama de prezența nemișcată a lui Buck.

Ma ciò che amava di più era correre al crepuscolo estivo.

Dar ceea ce iubea cel mai mult era să alerge la amurg, vara.

La luce fioca e i suoni assonnati della foresta lo riempivano di gioia.

Lumina slabă și sunetele somnoroase ale pădurii îl umpleau de bucurie.

Leggeva i cartelli della foresta con la stessa chiarezza con cui un uomo legge un libro.

Citea indicatoarele pădurii la fel de clar cum citește un om o carte.

E cercava sempre la strana cosa che lo chiamava.

Și a căutat mereu lucrul ciudat care îl chema.

Quella chiamata non si è mai fermata: lo raggiungeva sia da sveglio che nel sonno.

Acea chemare nu se oprea niciodată – ajungea la el fie că era treaz, fie că dormea.

Una notte si svegliò di soprassalto, con gli occhi acuti e le orecchie tese.

Într-o noapte, s-a trezit tresărind, cu ochii ageri și urechile ciulite.

Le sue narici si contrassero mentre la sua criniera si rizzava in onde.

Nările i-au tresărit în timp ce coama i se zbârlea în valuri.

Dal profondo della foresta giunse di nuovo quel suono, il vecchio richiamo.

Din adâncul pădurii s-a auzit din nou sunetul, vechea chemare.

Questa volta il suono risuonò chiaro, un ululato lungo, inquietante e familiare.

De data aceasta, sunetul a răsunat clar, un urlet lung, tulburător, familiar.

Era come il verso di un husky, ma dal tono strano e selvaggio.

Era ca țipătul unui husky, dar ciudat și sălbatic ca ton.

Buck riconobbe subito quel suono: lo aveva già sentito molto tempo prima.

Buck a recunoscut sunetul imediat – auzise exact sunetul cu mult timp în urmă.

Attraversò con un balzo l'accampamento e scomparve rapidamente nel bosco.

A sărit prin tabără și a dispărut repede în pădure.

Avvicinandosi al suono, rallentò e si mosse con cautela.

Pe măsură ce se apropia de sunet, încetini și se mișcă cu grijă.

Presto raggiunse una radura tra fitti pini.

Curând a ajuns într-o poiană printre pini deși.

Lì, ritto sulle zampe posteriori, sedeva un lupo grigio alto e magro.

Acolo, drept pe vine, ședea un lup de pădure înalt și slab.

Il naso del lupo puntava verso il cielo, continuando a riecheggiare il richiamo.

Botul lupului era îndreptat spre cer, repetând în continuare chemarea.

Buck non aveva emesso alcun suono, eppure il lupo si fermò e ascoltò.

Buck nu scosese niciun sunet, totuși lupul se opri și ascultă.

Percependo qualcosa, il lupo si irrigidì e scrutò l'oscurità.

Simțind ceva, lupul se încordă, scrutând întunericul.

Buck si fece avanti furtivamente, con il corpo basso e i piedi ben appoggiati al terreno.

Buck a apărut strecurat în câmpul vizual, cu corpul aplecat și picioarele liniștite pe pământ.

La sua coda era dritta e il suo corpo era teso e teso.

Coada lui era dreaptă, iar corpul îi era încordat de tensiune.

Manifestava sia un atteggiamento minaccioso che una sorta di rude amicizia.

A arătat atât amenințare, cât și un fel de prietenie dură.

Era il saluto cauto tipico delle bestie selvatiche.

Era salutul prudent împărtășit de fiarele sălbatice.

Ma il lupo si voltò e fuggì non appena vide Buck.

Dar lupul s-a întors și a fugit imediat ce l-a văzut pe Buck.

Buck si lanciò all'inseguimento, saltando selvaggiamente, desideroso di raggiungerlo.

Buck l-a urmărit, sărind nebunește, nerăbdător să-l ajungă din urmă.

Seguì il lupo in un ruscello secco bloccato da un ingorgo di tronchi.

L-a urmat pe lup într-un pârâu secat, blocat de o înghesuială.

Messo alle strette, il lupo si voltò e rimase fermo.

Încolţit, lupul s-a întors şi a rămas pe poziţie.

Il lupo ringhiò e schioccò i denti come un husky intrappolato in una rissa.

Lupul a mârâit şi a muşcat ca un câine husky prins într-o luptă.

I denti del lupo schioccarono rapidamente e il suo corpo si irrigidì per la furia selvaggia.

Dinţii lupului clănţăneau repede, iar corpul său era plin de furie sălbatică.

Buck non attaccò, ma girò intorno al lupo con attenta cordialità.

Buck nu a atacat, ci a înconjurat lupul cu o prietenie precaută.

Cercò di bloccargli la fuga con movimenti lenti e innocui.

A încercat să-şi blocheze evadarea prin mişcări lente şi inofensive.

Il lupo era cauto e spaventato: Buck lo superava di peso tre volte.

Lupul era precaut şi speriat — Buck îl depăşea de trei ori.

La testa del lupo arrivava a malapena all'altezza della spalla massiccia di Buck.

Capul lupului abia ajungea până la umărul masiv al lui Buck.

Il lupo, attento a individuare un varco, si lanciò e l'inseguimento ricominciò.

Păzind o breşă, lupul a fugit şi goana a început din nou.

Buck lo mise alle strette più volte e la danza si ripeté.

Buck l-a încolţit de câteva ori, iar dansul s-a repetat.

Il lupo era magro e debole, altrimenti Buck non avrebbe potuto catturarlo.

Lupul era slab şi slăbit, altfel Buck nu l-ar fi putut prinde.

Ogni volta che Buck si avvicinava, il lupo si girava di scatto e lo affrontava spaventato.

De fiecare dată când Buck se apropia, lupul se întoarse şi îl înfrunta plin de frică.

Poi, alla prima occasione, si precipitò di nuovo nel bosco.

Apoi, la prima ocazie, a fugit din nou în pădure.

Ma Buck non si arrese e alla fine il lupo imparò a fidarsi di lui.

Dar Buck nu a renunțat și, în cele din urmă, lupul a ajuns să aibă încredere în el.

Annusò il naso di Buck e i due diventarono giocosi e attenti.

A adulmecat nasul lui Buck, iar cei doi au devenit jucăuși și alerți.

Giocavano come animali selvaggi, feroci ma timidi nella loro gioia.

Se jucau ca niște animale sălbatice, feroce, dar timizi în bucuria lor.

Dopo un po' il lupo trotterellò via con calma e decisione.

După o vreme, lupul a plecat la trap cu o hotărâre calmă.

Dimostrò chiaramente a Buck che intendeva essere seguito.

I-a arătat clar lui Buck că intenționa să fie urmărit.

Correvano fianco a fianco nel buio della sera.

Au alergat unul lângă altul prin bezna amurgului.

Seguirono il letto del torrente fino alla gola rocciosa.

Au urmat albia pârâului în sus, în defileul stâncos.

Attraversarono un freddo spartiacque nel punto in cui aveva avuto origine il fiume.

Au traversat o despărțitură rece de unde începea pârâul.

Sul pendio più lontano trovarono un'ampia foresta e molti corsi d'acqua.

Pe panta îndepărtată au găsit o pădure întinsă și multe pâraie.

Corsero per ore senza fermarsi attraverso quella terra immensa.

Prin acest ținut vast, au alergat ore în șir fără oprire.

Il sole saliva sempre più alto, l'aria si faceva calda, ma loro continuavano a correre.

Soarele s-a ridicat și mai sus, aerul s-a încălzit, dar ei au alergat mai departe.

Buck era pieno di gioia: sapeva di aver risposto alla sua chiamata.

Buck era cuprins de bucurie – știa că răspundea chemării sale.

Corse accanto al fratello della foresta, più vicino alla fonte della chiamata.

A alergat alături de fratele său din pădure, mai aproape de sursa chemării.

I vecchi sentimenti ritornano, potenti e difficili da ignorare.

Vechile sentimente au revenit, puternice și greu de ignorat.

Queste erano le verità nascoste nei ricordi dei suoi sogni.

Acestea erau adevărurile din spatele amintirilor din visele sale.

Tutto questo lo aveva già fatto in un mondo lontano e oscuro.

Mai făcuse toate acestea și înainte, într-o lume îndepărtată și întunecată.

Questa volta lo fece di nuovo, scatenandosi con il cielo aperto sopra di lui.

Acum a făcut asta din nou, alergând nebunește sub cerul liber deasupra.

Si fermarono presso un ruscello per bere l'acqua fredda che scorreva.

S-au oprit la un pârâu să bea din apa rece care curgea.

Mentre beveva, Buck si ricordò improvvisamente di John Thornton.

În timp ce bea, Buck și-a amintit brusc de John Thornton.

Si sedette in silenzio, lacerato dal sentimento di lealtà e dalla chiamata.

S-a așezat în tăcere, sfâșiat de atracția loialității și a chemării.

Il lupo continuò a trottare, ma tornò indietro per incitare Buck ad andare avanti.

Lupul a continuat să trapă, dar s-a întors să-l îndemne pe Buck înainte.

Gli annusò il naso e cercò di convincerlo con gesti gentili.

I-a adulmecat nasul și a încercat să-l îmbrățișeze cu gesturi blânde.

Ma Buck si voltò e riprese a tornare indietro per la strada da cui era venuto.

Dar Buck s-a întors și a pornit înapoi pe drumul pe care venise.

Il lupo gli corse accanto per molto tempo, guaindo piano.

Lupul a alergat lângă el mult timp, scâncind în şoaptă.

Poi si sedette, alzò il naso ed emise un lungo ululato.

Apoi s-a aşezat, şi-a ridicat nasul şi a scos un urlet prelung.

Era un grido lugubre, che si addolcì mentre Buck si allontanava.

A fost un strigăt trist, care s-a înmuiat pe măsură ce Buck se îndepărta.

Buck ascoltò mentre il suono del grido svaniva lentamente nel silenzio della foresta.

Buck ascultă cum sunetul strigătului se estompa încet în liniştea pădurii.

John Thornton stava cenando quando Buck irruppe nell'accampamento.

John Thornton mânca cina când Buck a năvălit în tabără.

Buck gli saltò addosso selvaggiamente, leccandolo, mordendolo e facendolo rotolare.

Buck a sărit asupra lui sălbatic, lingându-l, muşcându-l şi trântindu-l la pământ.

Lo fece cadere, gli saltò sopra e gli baciò il viso.

L-a trântit, s-a căţărat deasupra şi l-a sărutat pe faţă.

Thornton lo definì con affetto "fare il buffone".

Thornton numea asta „a te juca pe prostul general" cu afecţiune.

Nel frattempo, imprecava dolcemente contro Buck e lo scuoteva avanti e indietro.

În tot acest timp, l-a înjurat uşor pe Buck şi l-a scuturat înainte şi înapoi.

Per due interi giorni e due notti, Buck non lasciò l'accampamento nemmeno una volta.

Timp de două zile şi două nopţi întregi, Buck nu a părăsit tabăra nicio dată.

Si teneva vicino a Thornton e non lo perdeva mai di vista.

A ţinut aproape de Thornton şi nu l-a pierdut niciodată din vedere.

Lo seguiva mentre lavorava e lo osservava mentre mangiava.

L-a urmat în timp ce lucra şi l-a privit în timp ce mânca.

Di notte vedeva Thornton avvolto nelle sue coperte e ogni mattina lo vedeva uscire.

Îl vedea pe Thornton în pături noaptea și afară în fiecare dimineață.

Ma presto il richiamo della foresta ritornò, più forte che mai.

Dar curând chemarea pădurii s-a întors, mai puternică ca niciodată.

Buck si sentì di nuovo irrequieto, agitato dal pensiero del lupo selvatico.

Buck deveni din nou neliniștit, stârnit de gândurile la lupul sălbatic.

Ricordava la terra aperta e le corse fianco a fianco.

Își amintea de câmpul deschis și de alergarea unul lângă altul.

Ricominciò a vagare nella foresta, solo e vigile.

A început să rătăcească din nou prin pădure, singur și alert.

Ma il fratello selvaggio non tornò e l'ululato non fu udito.

Dar fratele sălbatic nu s-a întors și urletul nu s-a auzit.

Buck cominciò a dormire all'aperto, restando lontano anche per giorni interi.

Buck a început să doarmă afară, stând departe zile întregi.

Una volta attraversò l'alto spartiacque dove aveva origine il torrente.

Odată ce a traversat despărțitura înaltă de unde începea pârâul.

Entrò nella terra degli alberi scuri e dei grandi corsi d'acqua.

A intrat în ținutul pădurilor întunecate și al pâraielor largi și curgătoare.

Vagò per una settimana alla ricerca di tracce del fratello selvaggio.

Timp de o săptămână a rătăcit, căutând semne ale fratelui sălbatic.

Uccideva la propria carne e viaggiava a passi lunghi e instancabili.

Și-a ucis propria carne și a călătorit cu pași lungi și neobosiți.

Pescò salmoni in un ampio fiume che arrivava fino al mare.

El a pescuit somon într-un râu lat care ajungea până la mare.

Lì lottò e uccise un orso nero reso pazzo dagli insetti.

Acolo, s-a luptat și a ucis un urs negru înnebunit de insecte.

L'orso stava pescando e corse alla cieca tra gli alberi.

Ursul fusese la pescuit și alerga orbește printre copaci.

La battaglia fu feroce e risvegliò il profondo spirito combattivo di Buck.

Bătălia a fost una aprigă, trezind spiritul de luptă profund al lui Buck.

Due giorni dopo, Buck tornò e trovò dei ghiottoni nei pressi della sua preda.

Două zile mai târziu, Buck s-a întors să găsească lupini la prada sa.

Una dozzina di loro litigarono furiosamente e rumorosamente per la carne.

Vreo doisprezece dintre ei s-au certat cu furie pentru carne.

Buck caricò e li disperse come foglie al vento.

Buck a năvălit și i-a împrăștiat ca pe frunzele în vânt.

Due lupi rimasero indietro: silenziosi, senza vita e immobili per sempre.

Doi lupi au rămas în urmă – tăcuți, fără viață și nemișcați pentru totdeauna.

La sete di sangue divenne più forte che mai.

Setea de sânge a devenit mai puternică ca niciodată.

Buck era un cacciatore, un assassino, che si nutriva di creature viventi.

Buck era un vânător, un ucigaș, hrănindu-se cu creaturi vii.

Sopravvisse da solo, affidandosi alla sua forza e ai suoi sensi acuti.

A supraviețuit singur, bazându-se pe puterea și simțurile sale ascuțite.

Prosperava nella natura selvaggia, dove solo i più forti potevano sopravvivere.

A prosperat în sălbăticie, unde doar cei mai rezistenți puteau trăi.

Da ciò nacque un grande orgoglio che riempì tutto l'essere di Buck.

Din aceasta, o mare mândrie s-a născut și a umplut întreaga ființă a lui Buck.

Il suo orgoglio traspariva da ogni passo, dal fremito di ogni muscolo.

Mândria lui se vedea în fiecare pas, în unduirea fiecărui mușchi.

Il suo orgoglio era evidente, come si vedeva dal suo comportamento.

Mândria lui era la fel de limpede ca vorbele, vizibilă în felul în care se comporta.

Persino il suo spesso mantello appariva più maestoso e splendeva di più.

Chiar și blana lui groasă arăta mai maiestuoasă și strălucea mai tare.

Buck avrebbe potuto essere scambiato per un lupo grigio gigante.

Buck ar fi putut fi confundat cu un lup uriaș de pădure.

A parte il marrone sul muso e le macchie sopra gli occhi.

Cu excepția maroniei de pe bot și a petelor de deasupra ochilor.

E la striscia bianca di pelo che gli correva lungo il centro del petto.

Și urmele albe de blană care îi coborau pe mijlocul pieptului.

Era addirittura più grande del più grande lupo di quella feroce razza.

Era chiar mai mare decât cel mai mare lup din acea rasă feroce.

Suo padre, un San Bernardo, gli ha trasmesso la stazza e la corporatura robusta.

Tatăl său, un Saint Bernard, i-a dat statura și constituția masivă.

Sua madre, una pastorella, plasmò quella mole conferendole la forma di un lupo.

Mama sa, o păstoră, i-a dat forma unui lup.

Aveva il muso lungo di un lupo, anche se più pesante e largo.

Avea botul lung al unui lup, deși mai greu și mai lat.

La sua testa era quella di un lupo, ma di dimensioni enormi e maestose.

Capul lui era de lup, dar construit la o scară masivă și maiestuoasă.

L'astuzia di Buck era l'astuzia del lupo e della natura selvaggia.

Viclenia lui Buck era viclenia lupului și a naturii sălbatice.

La sua intelligenza gli venne sia dal Pastore Tedesco che dal San Bernardo.

Inteligența sa provenea atât de la Ciobănesc German, cât și de la Saint-Bernard.

Tutto ciò, unito alla dura esperienza, lo rese una creatura temibile.

Toate acestea, plus experiența dură, l-au făcut o creatură înfricoșătoare.

Era formidabile quanto qualsiasi animale che vagasse nelle terre selvagge del nord.

Era la fel de formidabil ca orice fiară care cutreiera sălbăticia nordică.

Nutrendosi solo di carne, Buck raggiunse l'apice della sua forza.

Trăind doar cu carne, Buck a atins apogeul puterilor sale.

Trasudava potenza e forza maschile in ogni fibra del suo corpo.

Deborda de putere și forță masculină în fiecare fibră a lui.

Quando Thornton gli accarezzò la schiena, i peli brillarono di energia.

Când Thornton și-a mângâiat spatele, firele de păr i-au sclipit de energie.

Ogni capello scricchiolava, carico del tocco di un magnetismo vivente.

Fiecare fir de păr trosni, încărcat cu atingerea unui magnetism viu.

Il suo corpo e il suo cervello erano sintonizzati sulla tonalità più fine possibile.

Corpul și creierul său erau acordate la cea mai fină tonalitate posibilă.

Ogni nervo, ogni fibra e ogni muscolo lavoravano in perfetta armonia.

Fiecare nerv, fibră și mușchi funcționau în perfectă armonie.

A qualsiasi suono o visione che richiedesse un intervento, rispondeva immediatamente.

La orice sunet sau imagine care necesita acțiune, răspundea instantaneu.

Se un husky saltava per attaccare, Buck poteva saltare due volte più velocemente.

Dacă un husky sărea să atace, Buck putea sări de două ori mai repede.

Reagì più rapidamente di quanto gli altri potessero vedere o sentire.

A reacționat mai repede decât puteau vedea sau auzi alții.

Percezione, decisione e azione avvennero tutte in un unico, fluido istante.

Percepția, decizia și acțiunea, toate au venit într-un moment fluid.

In realtà si tratta di atti separati, ma troppo rapidi per essere notati.

În realitate, aceste acte au fost separate, dar prea rapide pentru a fi observate.

Gli intervalli tra questi atti erano così brevi che sembravano uno solo.

Atât de scurte au fost pauzele dintre aceste acte, încât păreau ca unul singur.

I suoi muscoli e il suo essere erano come molle strettamente avvolte.

Mușchii și ființa lui erau ca niște arcuri încolăcite strâns.

Il suo corpo traboccava di vita, selvaggia e gioiosa nella sua potenza.

Corpul său era plin de viață, sălbatic și vesel în puterea sa.

A volte aveva la sensazione che la forza stesse per esplodere completamente dentro di lui.

Uneori simțea că forța urma să izbucnească cu totul din el.

"Non c'è mai stato un cane simile", disse Thornton un giorno tranquillo.

„N-a mai existat niciodată un astfel de câine", a spus Thornton într-o zi liniștită.

I soci osservarono Buck uscire fiero dall'accampamento.
Partenerii l-au privit pe Buck ieșind mândru din tabără.

"Quando è stato creato, ha cambiato il modo in cui un cane può essere", ha detto Pete.
„Când a fost creat, a schimbat ceea ce poate fi un câine", a spus Pete.

"Per Dio! Lo penso anch'io", concordò subito Hans.
„Pe Dumnezeule! Și eu cred asta", a fost repede de acord Hans.

Lo videro allontanarsi, ma non il cambiamento che avvenne dopo.
L-au văzut plecând, dar nu și schimbarea care a venit după.

Non appena entrò nel bosco, Buck si trasformò completamente.
Imediat ce a intrat în pădure, Buck s-a transformat complet.

Non marciava più, ma si muoveva come uno spettro selvaggio tra gli alberi.
Nu mai mărșăluia, ci se mișca ca o fantomă sălbatică printre copaci.

Divenne silenzioso, come un gatto, un bagliore che attraversava le ombre.
A devenit tăcut, cu picioare de pisică, o licărire care trecea printre umbre.

Usava la copertura con abilità, strisciando sulla pancia come un serpente.
A folosit adăpostul cu îndemânare, târându-se pe burtă ca un șarpe.

E come un serpente, sapeva balzare in avanti e colpire in silenzio.
Și, ca un șarpe, putea sări înainte și să lovească în tăcere.

Potrebbe rubare una pernice bianca direttamente dal suo nido nascosto.
Putea fura o perucă galbenă direct din cuibul ei ascuns.

Uccideva i conigli addormentati senza emettere alcun suono.
A ucis iepuri adormiți fără niciun sunet.

Riusciva a catturare gli scoiattoli a mezz'aria anche se fuggivano troppo lentamente.

Putea prinde veverițe în aer, deoarece fugeau prea încet.

Nemmeno i pesci nelle pozze riuscivano a sfuggire ai suoi attacchi improvvisi.

Nici măcar peștii din bălți nu puteau scăpa de loviturile lui bruște.

Nemmeno i furbi castori impegnati a riparare le dighe erano al sicuro da lui.

Nici măcar castorii deștepți care reparau baraje nu erau în siguranță de el.

Uccideva per nutrirsi, non per divertirsi, ma preferiva uccidere le proprie vittime.

Ucidea pentru mâncare, nu pentru distracție — dar prefera propriile victime.

Eppure, un umorismo subdolo permeava alcune delle sue cacce silenziose.

Totuși, un umor viclean străbătea unele dintre vânătorile sale tăcute.

Si avvicinò furtivamente agli scoiattoli, solo per lasciarli scappare.

S-a strecurat aproape de veverițe, doar ca să le lase să scape.

Stavano per fuggire tra gli alberi, chiacchierando con rabbia e paura.

Aveau să fugă în copaci, ciripind de furie și frică.

Con l'arrivo dell'autunno, le alci cominciarono ad apparire in numero maggiore.

Pe măsură ce a venit toamna, elanii au început să apară în număr mai mare.

Si spostarono lentamente verso le basse valli per affrontare l'inverno.

S-au mișcat încet în văile joase pentru a întâmpina iarna.

Buck aveva già abbattuto un giovane vitello randagio.

Buck doborâse deja un vițel tânăr, rătăcit.

Ma lui desiderava ardentemente affrontare prede più grandi e pericolose.

Dar tânjea să înfrunte o pradă mai mare și mai periculoasă.

Un giorno, sul crinale, alla sorgente del torrente, trovò la sua occasione.

Într-o zi, pe despărțitură, la izvorul pârâului, și-a găsit șansa.

Una mandria di venti alci era giunta da terre boscose.

O turmă de douăzeci de elani traversase ținuturile împădurite.

Tra loro c'era un possente toro, il capo del gruppo.

Printre ei se afla un taur puternic; conducătorul grupului.

Il toro era alto più di due metri e mezzo e appariva feroce e selvaggio.

Taurul avea peste doi metri înălțime și arăta fioros și sălbatic.

Lanciò le sue grandi corna, le cui quattordici punte si diramavano verso l'esterno.

Și-a aruncat coarnele largi, paisprezece vârfuri ramificându-se în exterior.

Le punte di quelle corna si estendevano per due metri.

Vârfurile acelor coarne se întindeau pe un diametru de șapte picioare.

I suoi piccoli occhi ardevano di rabbia quando vide Buck lì vicino.

Ochii lui mici ardeau de furie când l-a zărit pe Buck în apropiere.

Emise un ruggito furioso, tremando di rabbia e dolore.

A scos un răget furios, tremurând de furie și durere.

Vicino al suo fianco spuntava la punta di una freccia, appuntita e piumata.

Un vârf de săgeată ieșea în relief lângă flancul său, ascuțit și ca un pene.

Questa ferita contribuì a spiegare il suo umore selvaggio e amareggiato.

Această rană a ajutat la explicarea dispoziției sale sălbatice și amare.

Buck, guidato dall'antico istinto di caccia, fece la sua mossa.

Buck, ghidat de un străvechi instinct de vânătoare, și-a făcut mișcarea.

Il suo obiettivo era separare il toro dal resto della mandria.

El a urmărit să separe taurul de restul turmei.

Non era un compito facile: richiedeva velocità e una grande astuzia.

Nu a fost o sarcină ușoară — a necesitat viteză și o viclenie feroce.

Abbaiava e danzava vicino al toro, appena fuori dalla sua portata.

A lătrat și a dansat lângă taur, chiar în afara razei de acțiune.

L'alce si lanciò con enormi zoccoli e corna mortali.

Elanul se năpustea cu copite uriașe și coarne mortale.

Un colpo avrebbe potuto porre fine alla vita di Buck in un batter d'occhio.

O singură lovitură ar fi putut curma viața lui Buck într-o clipă.

Incapace di abbandonare la minaccia, il toro si infuriò.

Incapabil să lase amenințarea în urmă, taurul s-a înfuriat.

Lui caricava con furia, ma Buck riusciva sempre a sfuggirgli.

A năvălit furios, dar Buck se strecura mereu la fugă.

Buck finse di essere debole, allontanandosi ulteriormente dalla mandria.

Buck s-a prefăcut slăbiciune, atrăgându-l mai departe de turmă.

Ma i giovani tori sarebbero tornati alla carica per proteggere il capo.

Dar taurii tineri urmau să riposteze pentru a-l proteja pe lider.

Costrinsero Buck a ritirarsi e il toro a ricongiungersi al gruppo.

L-au forțat pe Buck să se retragă și pe taur să se alăture grupului.

C'è una pazienza nella natura selvaggia, profonda e inarrestabile.

Există o răbdare în sălbăticie, profundă și de neoprit.

Un ragno resta immobile nella sua tela per innumerevoli ore.

Un păianjen așteaptă nemișcat în pânza sa nenumărate ore.

Un serpente si avvolge su se stesso senza contrarsi e aspetta il momento giusto.

Un șarpe se încolăcește fără să tresară și așteaptă până când îi vine momentul.

Una pantera è in agguato, finché non arriva il momento.

O panteră stă la ambuscadă, până când sosește momentul.

Questa è la pazienza dei predatori che cacciano per sopravvivere.

Aceasta este răbdarea prădătorilor care vânează pentru a supraviețui.

La stessa pazienza ardeva dentro Buck mentre gli restava accanto.

Aceeași răbdare îl ardea în Buck în timp ce stătea aproape.

Rimase vicino alla mandria, rallentandone la marcia e incutendo timore.

A rămas lângă turmă, încetinindu-i marșul și stârnind frică.

Provocava i giovani tori e molestava le mucche madri.

El i-a tachinat pe taurii tineri și a hărțuit vacile.

Spinse il toro ferito in una rabbia ancora più profonda e impotente.

L-a împins pe taurul rănit într-o furie mai adâncă, neajutorată.

Per mezza giornata il combattimento si trascinò senza alcuna tregua.

Timp de o jumătate de zi, lupta s-a prelungit fără nicio odihnă.

Buck attaccò da ogni angolazione, veloce e feroce come il vento.

Buck a atacat din toate unghiurile, rapid și feroce ca vântul.

Impedì al toro di riposare o di nascondersi con la mandria.

El a împiedicat taurul să se odihnească sau să se ascundă împreună cu turma sa.

Buck logorò la volontà dell'alce più velocemente del suo corpo.

Buck a epuizat voința elanului mai repede decât corpul său.

Il giorno passò e il sole tramontò basso nel cielo a nord-ovest.

Ziua a trecut și soarele a apus pe cerul de nord-vest.

I giovani tori tornarono più lentamente per aiutare il loro capo.

Taurii tineri s-au întors mai încet să-și ajute conducătorul.

Erano tornate le notti autunnali e il buio durava ormai sei ore.

Nopțile de toamnă se întorseseră, iar întunericul dura acum șase ore.

L'inverno li spingeva verso valli più sicure e calde.
Iarna îi împingea la vale, spre văi mai sigure și mai calde.

Ma non riuscirono comunque a sfuggire al cacciatore che li tratteneva.
Dar tot nu au putut scăpa de vânătorul care i-a ținut înapoi.

Era in gioco solo una vita: non quella del branco, ma quella del loro capo.
O singură viață era în joc – nu cea a turmei, ci doar cea a liderului lor.

Ciò rendeva la minaccia lontana e non una loro preoccupazione urgente.
Asta făcea ca amenințarea să fie distantă și nu preocuparea lor urgentă.

Col tempo accettarono questo prezzo e lasciarono che Buck prendesse il vecchio toro.
În timp, au acceptat acest preț și l-au lăsat pe Buck să ia bătrânul taur.

Mentre calava il crepuscolo, il vecchio toro rimase in piedi con la testa bassa.
Pe măsură ce se lăsa amurgul, bătrânul taur stătea cu capul plecat.

Guardò la mandria che aveva guidato svanire nella luce morente.
A privit cum turma pe care o condusese dispăru în lumina care se estompa.

C'erano mucche che aveva conosciuto, vitelli che un tempo aveva generato.
Erau vaci pe care le cunoscuse, viței pe care îi născuse odată.

C'erano tori più giovani con cui aveva combattuto e che aveva dominato nelle stagioni passate.
Erau tauri mai tineri cu care se luptase și pe care îi domnise în sezoanele trecute.

Non poteva seguirli, perché davanti a lui era di nuovo accovacciato Buck.
Nu-i putea urma — căci în fața lui stătea din nou ghemuit Buck.

Il terrore spietato e zannuto gli bloccava ogni via che potesse percorrere.

Teroarea nemiloasă cu colți ascuțiți îi bloca orice cale pe care ar fi putut-o urma.

Il toro pesava più di trecento chili di potenza densa.

Taurul cântărea mai mult de trei sute de kilograme de putere densă.

Aveva vissuto a lungo e lottato duramente in un mondo di difficoltà.

Trăise mult și luptase din greu într-o lume a luptelor.

Eppure, alla fine, la morte gli venne commessa da una bestia molto più bassa di lui.

Și totuși acum, la sfârșit, moartea a venit de la o fiară mult inferioară lui.

La testa di Buck non arrivò nemmeno alle enormi ginocchia noccate del toro.

Capul lui Buck nici măcar nu se ridica până la genunchii uriași și încordați ai taurului.

Da quel momento in poi, Buck rimase con il toro notte e giorno.

Din acel moment, Buck a rămas cu taurul zi și noapte.

Non gli dava mai tregua, non gli permetteva mai di brucare o bere.

Nu i-a dat niciodată odihnă, nu i-a permis niciodată să pască sau să bea.

Il toro cercò di mangiare giovani germogli di betulla e foglie di salice.

Taurul a încercat să mănânce lăstari tineri de mesteacăn și frunze de salcie.

Ma Buck lo scacciò, sempre all'erta e sempre all'attacco.

Dar Buck l-a alungat, mereu alert și mereu atacând.

Anche nei torrenti che scorrevano, Buck bloccava ogni assetato tentativo.

Chiar și la pâraie care curgeau șiroaie, Buck bloca orice încercare de a bea însetat.

A volte, in preda alla disperazione, il toro fuggiva a tutta velocità.

Uneori, în disperare, taurul fugea cu viteză maximă.

Buck lo lasciò correre, avanzando tranquillamente dietro di lui, senza mai allontanarsi troppo.

Buck l-a lăsat să alerge, alergând calm chiar în spatele lui, niciodată departe.

Quando l'alce si fermò, Buck si sdraiò, ma rimase pronto.

Când elanul s-a oprit, Buck s-a întins, dar a rămas pregătit.

Se il toro provava a mangiare o a bere, Buck colpiva con tutta la sua furia.

Dacă taurul încerca să mănânce sau să bea, Buck loveşte cu furie deplină.

La grande testa del toro si abbassava sotto le enormi corna.

Capul uriaş al taurului se lăsa tot mai jos sub coarnele sale vaste.

Il suo passo rallentò, il trotto divenne pesante, un'andatura barcollante.

Pasul său a încetinit, trapul a devenit greu; un mers poticnit.

Spesso restava immobile con le orecchie abbassate e il naso rivolto verso il terreno.

Adesea stătea nemişcat cu urechile căzute şi nasul la pământ.

In quei momenti Buck si prese del tempo per bere e riposare.

În acele momente, Buck şi-a făcut timp să bea şi să se odihnească.

Con la lingua fuori e gli occhi fissi, Buck sentì che la terra stava cambiando.

Cu limba scoasă şi ochii fixi, Buck simţea că ţara se schimba.

Sentì qualcosa di nuovo muoversi nella foresta e nel cielo.

A simţit ceva nou mişcându-se prin pădure şi prin cer.

Con il ritorno delle alci tornarono anche altre creature selvatiche.

Pe măsură ce elanii s-au întors, la fel s-au întâmplat şi cu alte creaturi sălbatice.

La terra sembrava viva di una presenza invisibile ma fortemente nota.

Ţara părea vie, cu o prezenţă, nevăzută, dar puternic cunoscută.

Buck non lo sapeva tramite l'udito, la vista o l'olfatto.

Buck nu știa asta prin sunet, văz sau miros.

Un sentimento più profondo gli diceva che nuove forze erano in movimento.

Un simț mai profund îi spunea că noi forțe erau în mișcare.

Una strana vita si agitava nei boschi e lungo i corsi d'acqua.

O viață ciudată se mișca prin păduri și de-a lungul pâraielor.

Decise di esplorare questo spirito una volta completata la caccia.

El a hotărât să exploreze acest spirit, după ce vânătoarea va fi terminată.

Il quarto giorno, Buck riuscì finalmente a catturare l'alce.

În a patra zi, Buck a doborât în sfârșit elanul.

Rimase nei pressi della preda per un giorno e una notte interi, nutrendosi e riposandosi.

A stat lângă pradă o zi și o noapte întreagă, hrănindu-se și odihnindu-se.

Mangiò, poi dormì, poi mangiò ancora, finché non fu forte e sazio.

A mâncat, apoi a dormit, apoi a mâncat din nou, până s-a simțit puternic și sătul.

Quando fu pronto, tornò indietro verso l'accampamento e Thornton.

Când fu gata, se întoarse spre tabără și spre Thornton.

Con passo costante iniziò il lungo viaggio di ritorno verso casa.

Cu un ritm constant, a început lunga călătorie de întoarcere spre casă.

Correva con la sua andatura instancabile, ora dopo ora, senza mai smarrirsi.

A alergat în goana lui neobosit, oră după oră, fără să se rătăcească niciodată.

Attraverso terre sconosciute, si muoveva dritto come l'ago di una bussola.

Prin ținuturi necunoscute, s-a mișcat drept ca acul unei busole.

Il suo senso dell'orientamento faceva sembrare deboli, al confronto, l'uomo e la mappa.

Simțul său de orientare făcea ca omul și harta să pară slabe prin comparație.

Mentre Buck correva, sentiva sempre più forte l'agitazione nella terra selvaggia.

Pe măsură ce Buck alerga, simțea mai puternic freamătul din ținutul sălbatic.

Era un nuovo tipo di vita, diverso da quello dei tranquilli mesi estivi.

Era un nou fel de viață, spre deosebire de cea din lunile calme de vară.

Questa sensazione non giungeva più come un messaggio sottile o distante.

Acest sentiment nu mai venea ca un mesaj subtil sau distant.

Ora gli uccelli parlavano di questa vita e gli scoiattoli chiacchieravano.

Acum păsările vorbeau despre această viață, iar veverițele ciripeau despre ea.

Persino la brezza sussurrava avvertimenti tra gli alberi silenziosi.

Chiar și briza șoptea avertismente printre copacii tăcuți.

Più volte si fermò ad annusare l'aria fresca del mattino.

De câteva ori s-a oprit și a adulmecat aerul proaspăt al dimineții.

Lì lesse un messaggio che lo fece fare un balzo in avanti più velocemente.

A citit acolo un mesaj care l-a făcut să sară mai repede înainte.

Fu pervaso da un forte senso di pericolo, come se qualcosa fosse andato storto.

Un sentiment puternic de pericol îl cuprinse, ca și cum ceva nu ar fi mers bine.

Temeva che la calamità stesse per arrivare, o che fosse già arrivata.

Se temea că urma să vină o calamitate – sau că venise deja.

Superò l'ultima cresta ed entrò nella valle sottostante.

A traversat ultima creastă și a intrat în valea de dedesubt.

Si muoveva più lentamente, attento e cauto a ogni passo.

Se mișca mai încet, alert și precaut la fiecare pas.

Dopo tre miglia trovò una pista fresca che lo fece irrigidire.

După cinci kilometri, a găsit o cărare nouă care l-a înțepenit.

I peli sul collo si rizzarono e si rizzarono in segno di allarme.

Părul de pe ceafă i s-a ondulat și s-a zbârlit de alarmă.

Il sentiero portava dritto all'accampamento dove Thornton aspettava.

Drumul ducea direct spre tabăra unde îl aștepta Thornton.

Buck ora si muoveva più velocemente, con passi silenziosi e rapidi.

Buck se mișca acum mai repede, pașii lui tăcuți și rapizi în același timp.

I suoi nervi si irrigidirono mentre leggeva segnali che altri non avrebbero notato.

Nervii i s-au încordat pe măsură ce a citit semne pe care alții aveau să le rateze.

Ogni dettaglio del percorso raccontava una storia, tranne l'ultimo pezzo.

Fiecare detaliu din potecă spunea o poveste - cu excepția ultimei piese.

Il suo naso gli raccontò della vita che aveva trascorso lì.

Nasul lui îi povestea despre viața care trecuse pe aici.

L'odore gli fornì un'immagine mutevole mentre lo seguiva da vicino.

Mirosul îi oferea o imagine schimbătoare în timp ce îl urma îndeaproape.

Ma la foresta stessa era diventata silenziosa, innaturalmente immobile.

Dar pădurea însăși devenise liniștită; o nemișcare nefirească.

Gli uccelli erano scomparsi, gli scoiattoli erano nascosti, silenziosi e immobili.

Păsările dispăruseră, veverițele erau ascunse, tăcute și nemișcate.

Vide solo uno scoiattolo grigio, sdraiato su un albero morto.

A văzut o singură veveriță cenușie, întinsă pe un copac mort.

Lo scoiattolo si mimetizzava, rigido e immobile come una parte della foresta.

Veverița s-a amestecat, rigidă și nemișcată, ca o parte din pădure.

Buck si muoveva come un'ombra, silenzioso e sicuro tra gli alberi.

Buck se mișca ca o umbră, tăcut și sigur printre copaci.

Il suo naso si mosse di lato come se fosse stato tirato da una mano invisibile.

Nasul i se zvârcolea într-o parte, ca și cum ar fi fost tras de o mână nevăzută.

Si voltò e seguì il nuovo odore nel profondo di un boschetto.

S-a întors și a urmat noul miros adânc într-un desiș.

Lì trovò Nig, steso morto, trafitto da una freccia.

Acolo l-a găsit pe Nig, zăcând mort, străpuns de o săgeată.

La freccia gli attraversò il corpo, lasciando ancora visibili le piume.

Săgeata i-a străpuns corpul, penele fiind încă vizibile.

Nig si era trascinato fin lì, ma era morto prima di riuscire a raggiungere i soccorsi.

Nig se târîse până acolo, dar murise înainte să ajungă la ajutor.

Cento metri più avanti, Buck trovò un altro cane da slitta.

La o sută de metri mai încolo, Buck a găsit un alt câine de sanie.

Era un cane che Thornton aveva comprato a Dawson City.

Era un câine pe care Thornton îl cumpărase din Dawson City.

Il cane lottava con tutte le sue forze, dimenandosi violentemente sul sentiero.

Câinele se lupta cu moartea, zbătându-se din greu pe potecă.

Buck gli passò accanto senza fermarsi, con gli occhi fissi davanti a sé.

Buck a trecut pe lângă el, fără să se oprească, cu privirea ațintită înainte.

Dalla direzione dell'accampamento proveniva un canto lontano e ritmico.

Din direcția taberei se auzea o incantație ritmică, îndepărtată.

Le voci si alzavano e si abbassavano con un tono strano, inquietante, cantilenante.

Vocile se ridicau și se descreșteau pe un ton ciudat, straniu, cântăreț.

Buck strisciò in silenzio fino al limite della radura.

Buck s-a târât în tăcere până la marginea poianei.

Lì vide Hans disteso a faccia in giù, trafitto da numerose frecce.

Acolo l-a văzut pe Hans zăcând cu fața în jos, străpuns de multe săgeți.

Il suo corpo sembrava quello di un porcospino, irto di penne.

Corpul său arăta ca un porc spinos, zbârlit de săgeți cu pene.

Nello stesso momento, Buck guardò verso la capanna in rovina.

În același moment, Buck privi spre cabana în ruine.

Quella vista gli fece rizzare i capelli sul collo e sulle spalle.

Priveliștea i s-a zbârlit părul pe ceafă și pe umeri.

Un'ondata di rabbia selvaggia travolse tutto il corpo di Buck.

O furtună de furie sălbatică l-a cuprins pe Buck.

Ringhiò forte, anche se non ne era consapevole.

A mârâit tare, deși nu știa că o făcuse.

Il suono era crudo, pieno di una furia terrificante e selvaggia.

Sunetul era crud, plin de o furie terifiantă și sălbatică.

Per l'ultima volta nella sua vita, Buck perse la ragione a causa delle emozioni.

Pentru ultima dată în viața lui, Buck și-a pierdut rațiunea de a se lăsa pradă emoțiilor.

Fu l'amore per John Thornton a spezzare il suo attento controllo.

Dragostea pentru John Thornton i-a zdruncinat controlul atent.

Gli Yeehats ballavano attorno alla baita in legno di abete rosso distrutta.

Yeehat-ii dansau în jurul cabanei de molizi dărăpănate.

Poi si udì un ruggito e una bestia sconosciuta si lanciò verso di loro.

Apoi s-a auzit un răget — și o fiară necunoscută s-a năpustit spre ei.

Era Buck: una furia in movimento, una tempesta vivente di vendetta.

Era Buck; o furie în mișcare; o furtună vie a răzbunării.

Si gettò in mezzo a loro, folle di voglia di uccidere.

S-a aruncat în mijlocul lor, înnebunit de dorința de a ucide.

Si lanciò contro il primo uomo, il capo Yeehat, e colpì nel segno.

A sărit asupra primului om, șeful Yeehat, și a lovit cu putere.

La sua gola era squarciata e il sangue schizzava a fiotti.

Gâtul i-a fost smuls, iar sângele i-a șiroit ca un șuvoi.

Buck non si fermò, ma con un balzo squarciò la gola dell'uomo successivo.

Buck nu se opri, ci îi sfâșie gâtul următorului om dintr-un salt.

Era inarrestabile: squarciava, tagliava, non si fermava mai a riposare.

Era de neoprit – sfâșia, tăia, fără să se oprească niciodată.

Si lanciò e balzò così velocemente che le loro frecce non riuscirono a toccarlo.

A sărit și a țâșnit atât de repede încât săgețile lor nu l-au putut atinge.

Gli Yeehats erano in preda al panico e alla confusione.

Yeehat-ii erau prinși în propria panică și confuzie.

Le loro frecce non colpirono Buck e si colpirono tra loro.

Săgețile lor l-au ratat pe Buck și s-au lovit între ele.

Un giovane scagliò una lancia contro Buck e colpì un altro uomo.

Un tânăr a aruncat o suliță spre Buck și a lovit un alt bărbat.

La lancia gli trapassò il petto e la punta gli trafisse la schiena.

Sulița i-a străpuns pieptul, vârful străpungându-i spatele.

Il terrore travolse gli Yeehats, che si diedero alla ritirata.

Teroarea i-a cuprins pe Yeehats, iar aceștia s-au retras complet.

Urlarono allo Spirito Maligno e fuggirono nelle ombre della foresta.

Au țipat de la Duhul Rău și au fugit în umbrele pădurii.

Buck era davvero come un demone mentre inseguiva gli Yeehats.

Într-adevăr, Buck a fost ca un demon în timp ce i-a urmărit pe Yeehats.

Li inseguì attraverso la foresta, abbattendoli come cervi.

A țâșnit după ei prin pădure, doborându-i ca pe niște căprioare.

Divenne un giorno di destino e terrore per gli spaventati Yeehats.

A devenit o zi a sorții și a terorii pentru Yeehat-ii înspăimântați.

Si dispersero sul territorio, fuggendo in ogni direzione.

S-au împrăștiat prin țară, fugind departe în toate direcțiile.

Passò un'intera settimana prima che gli ultimi sopravvissuti si incontrassero in una valle.

A trecut o săptămână întreagă până când ultimii supraviețuitori s-au întâlnit într-o vale.

Solo allora contarono le perdite e raccontarono quanto accaduto.

Abia atunci și-au numărat pierderile și au vorbit despre ce s-a întâmplat.

Buck, stanco dell'inseguimento, ritornò all'accampamento in rovina.

Buck, după ce a obosit de urmărire, s-a întors în tabăra ruinată.

Trovò Pete, ancora avvolto nelle coperte, ucciso nel primo attacco.

L-a găsit pe Pete, încă în pături, ucis în primul atac.

I segni dell'ultima lotta di Thornton erano visibili nella terra lì vicino.

Semnele ultimei lupte a lui Thornton erau marcate în pământul din apropiere.

Buck seguì ogni traccia, annusando ogni segno fino al punto finale.

Buck a urmărit fiecare urmă, adulmecând fiecare semn până la un punct final.

Sul bordo di una profonda pozza trovò il fedele Skeet, immobile.

La marginea unui bazin adânc, l-a găsit pe credinciosul Skeet, zăcând nemişcat.

La testa e le zampe anteriori di Skeet erano nell'acqua, immobili nella morte.

Capul şi labele din faţă ale lui Skeet erau în apă, nemişcate de moarte.

La piscina era fangosa e contaminata dai liquidi di scarico delle chiuse.

Piscina era noroioasă şi contaminată cu apa care curgea din ecluze.

La sua superficie torbida nascondeva ciò che si trovava sotto, ma Buck conosceva la verità.

Suprafaţa sa tulbure ascundea ceea ce se afla dedesubt, dar Buck ştia adevărul.

Seguì l'odore di Thornton nella piscina, ma non lo portò da nessun'altra parte.

A urmărit mirosul lui Thornton până în piscină — dar mirosul nu l-a dus nicăieri altundeva.

Non c'era alcun odore che provenisse, solo il silenzio dell'acqua profonda.

Nu se auzea niciun miros care să se răspândească – doar liniştea apei adânci.

Buck rimase tutto il giorno vicino alla piscina, camminando avanti e indietro per l'accampamento, addolorato.

Toată ziua, Buck a stat lângă baltă, plimbându-se prin tabără cu tristeţe.

Vagava irrequieto o sedeva immobile, immerso nei suoi pensieri.

Rătăcea neliniştit sau stătea nemişcat, pierdut în gânduri adânci.

Conosceva la morte, la fine della vita, la scomparsa di ogni movimento.

El cunoştea moartea; sfârşitul vieţii; dispariţia oricărei mişcări.

Capì che John Thornton se n'era andato e non sarebbe mai più tornato.

A înțeles că John Thornton plecase și că nu se va mai întoarce niciodată.

La perdita lasciò in lui un vuoto che pulsava come la fame.

Pierderea a lăsat în el un gol care pulsa ca foamea.

Ma questa era una fame che il cibo non riusciva a placare, non importava quanto ne mangiasse.

Dar aceasta era o mâncare pe care foamea nu o putea potoli, indiferent cât mânca.

A volte, mentre guardava i cadaveri di Yeehats, il dolore si attenuava.

Uneori, în timp ce se uita la Yeehats-ii morți, durerea se estompa.

E poi dentro di lui nacque uno strano orgoglio, feroce e totale.

Și apoi o mândrie ciudată l-a cuprins, aprigă și deplină.

Aveva ucciso l'uomo, la preda più alta e pericolosa di tutte.

Ucisese oameni, cel mai înalt și mai periculos vânat dintre toate.

Aveva ucciso in violazione dell'antica legge del bastone e della zanna.

Ucisese sfidând străvechea lege a bâtei și colțului.

Buck annusò i loro corpi senza vita, curioso e pensieroso.

Buck le adulmeca trupurile fără viață, curios și gânditor.

Erano morti così facilmente, molto più facilmente di un husky in combattimento.

Muriseră atât de ușor – mult mai ușor decât un husky într-o luptă.

Senza le armi non avrebbero avuto vera forza né avrebbero rappresentato una minaccia.

Fără armele lor, nu aveau nicio putere sau amenințare reală.

Buck non avrebbe più avuto paura di loro, a meno che non fossero stati armati.

Buck nu avea să se mai teamă niciodată de ei, decât dacă erau înarmați.

Stava attento solo quando portavano clave, lance o frecce.

Numai când purtau bâte, sulițe sau săgeți avea grijă.

Calò la notte e la luna piena spuntò alta sopra le cime degli alberi.

S-a lăsat noaptea, iar o lună plină s-a ridicat sus deasupra vârfurilor copacilor.

La pallida luce della luna avvolgeva la terra in un tenue e spettrale chiarore, come se fosse giorno.

Lumina palidă a lunii scălda pământul într-o strălucire blândă, fantomatică, ca ziua.

Mentre la notte avanzava, Buck continuava a piangere presso la pozza silenziosa.

Pe măsură ce noaptea se adâncea, Buck încă jelea lângă iazul tăcut.

Poi si accorse di un diverso movimento nella foresta.

Apoi a devenit conștient de o altă mișcare în pădure.

L'agitazione non proveniva dagli Yeehats, ma da qualcosa di più antico e profondo.

Frânjetul nu venea de la Yeehats, ci de la ceva mai vechi și mai profund.

Si alzò in piedi, drizzò le orecchie e tastò con attenzione la brezza con il naso.

S-a ridicat în picioare, cu urechile ciulite, testând cu grijă briza.

Da lontano giunse un debole e acuto grido che squarciò il silenzio.

De departe s-a auzit un țipăt slab și ascuțit, care a străpuns liniștea.

Poi un coro di grida simili seguì subito dopo il primo.

Apoi, un cor de strigăte similare le-a urmat îndeaproape pe cele din urmă.

Il suono si avvicinava sempre di più, diventando sempre più forte con il passare dei minuti.

Sunetul se apropia, devenind mai puternic cu fiecare clipă.

Buck conosceva quel grido: proveniva da quell'altro mondo nella sua memoria.

Buck știa acest strigăt – venea din cealaltă lume din memoria lui.

Si recò al centro dello spazio aperto e ascoltò attentamente.

A mers până în centrul spațiului deschis și a ascultat cu atenție.

L'appello risuonò più forte che mai, più sentito e più potente che mai.

Apelul a răsunat, s-a auzit de multe ori și a fost mai puternic ca niciodată.

E ora, più che mai, Buck era pronto a rispondere alla sua chiamata.

Și acum, mai mult ca niciodată, Buck era gata să răspundă chemării sale.

John Thornton era morto e in lui non era rimasto alcun legame con l'uomo.

John Thornton era mort și nicio legătură cu un om nu mai rămăsese în el.

L'uomo e tutte le pretese umane erano svaniti: era finalmente libero.

Omul și toate drepturile umane dispăruseră — în sfârșit era liber.

Il branco di lupi era a caccia di carne, proprio come un tempo avevano fatto gli Yeehats.

Haita de lupi vâna carne așa cum făceau odinioară Yeehat-ii.

Avevano seguito le alci mentre scendevano dalle terre boscose.

Urmăriseră elanii dinspre ținuturile împădurite.

Ora, selvaggi e affamati di prede, attraversarono la sua valle.

Acum, sălbatici și înfometați de pradă, au trecut în valea lui.

Giunsero nella radura illuminata dalla luna, scorrendo come acqua argentata.

În poiană luminată de lună au ajuns, curgând ca o apă argintie.

Buck rimase immobile al centro, in attesa.

Buck stătea nemișcat în centru, așteptându-i.

La sua presenza calma e imponente lasciò il branco senza parole, tanto da farlo restare per un breve periodo in silenzio.

Prezența lui calmă și impunătoare a uluit grupul și a lăsat o tăcere scurtă.

Allora il lupo più audace gli saltò addosso senza esitazione.

Atunci cel mai îndrăzneț lup a sărit direct asupra lui fără ezitare.

Buck colpì rapidamente e spezzò il collo del lupo con un solo colpo.

Buck a lovit repede și i-a rupt gâtul lupului dintr-o singură lovitură.

Rimase di nuovo immobile mentre il lupo morente si contorceva dietro di lui.

A rămas din nou nemișcat în timp ce lupul pe moarte se răsucea în spatele lui.

Altri tre lupi attaccarono rapidamente, uno dopo l'altro.

Alți trei lupi au atacat rapid, unul după altul.

Ognuno di loro si ritrasse sanguinante, con la gola o le spalle tagliate.

Fiecare s-a retras sângerând, cu gâtul sau umerii tăiați.

Ciò fu sufficiente a scatenare una carica selvaggia da parte dell'intero branco.

Asta a fost suficient pentru a declanșa întreaga haită într-o năvală sălbatică.

Si precipitarono tutti insieme, troppo impazienti e troppo ammassati per colpire bene.

S-au repezit împreună, prea nerăbdători și înghesuiți ca să lovească bine.

La velocità e l'abilità di Buck gli permisero di anticipare l'attacco.

Viteza și priceperea lui Buck i-au permis să rămână cu un pas înaintea atacului.

Girò sulle zampe posteriori, schioccando i denti e colpendo in tutte le direzioni.

Se învârtea pe picioarele din spate, pocnind și lovind în toate direcțiile.

Ai lupi sembrò che la sua difesa non si fosse mai aperta o avesse vacillato.

Lupilor li se părea că apărarea lui nu s-a deschis niciodată și nici nu a șovăit.

Si voltò e colpì così velocemente che non riuscirono a raggiungerlo alle spalle.

S-a întors şi a lovit atât de repede încât nu au mai putut ajunge în spatele lui.

Ciononostante, il loro numero lo costrinse a cedere terreno e a ritirarsi.

Cu toate acestea, numărul lor l-a obligat să cedeze teren şi să se retragă.

Superò la piscina e scese nel letto roccioso del torrente.

A trecut de baltă şi a coborât în albia stâncoasă a pârâului.

Lì si imbatté in un ripido pendio di ghiaia e terra.

Acolo a dat peste un mal abrupt de pietriş şi pământ.

Si è infilato in un angolo scavato durante i vecchi scavi dei minatori.

A intrat într-o tăietură de colţ în timpul vechilor săpături ale minerilor.

Ora, protetto su tre lati, Buck si trovava di fronte solo al lupo frontale.

Acum, protejat din trei părţi, Buck se confrunta doar cu lupul din faţă.

Lì rimase in attesa, pronto per la successiva ondata di assalto.

Acolo, a stat la distanţă, pregătit pentru următorul val de atac.

Buck mantenne la posizione con tanta ferocia che i lupi indietreggiarono.

Buck şi-a ţinut poziţia atât de ferm încât lupii s-au retras.

Dopo mezz'ora erano sfiniti e visibilmente sconfitti.

După o jumătate de oră, erau epuizaţi şi vizibil înfrânţi.

Le loro lingue pendevano fuori e le loro zanne bianche brillavano alla luce della luna.

Limbile le atârnau afară, colţii lor albi străluceau în lumina lunii.

Alcuni lupi si sdraiano, con la testa alzata e le orecchie dritte verso Buck.

Nişte lupi s-au întins, cu capetele ridicate şi urechile ciulite spre Buck.

Altri rimasero immobili, attenti e osservarono ogni suo movimento.

Alții stăteau nemișcați, alerți și îi urmăreau fiecare mișcare.

Qualcuno si avvicinò alla piscina e bevve l'acqua fredda.

Câțiva s-au îndreptat spre piscină și au băut apă rece.

Poi un lupo grigio, lungo e magro, si fece avanti furtivamente, con passo gentile.

Apoi, un lup cenușiu, lung și slab, s-a târât înainte cu blândețe.

Buck lo riconobbe: era il fratello selvaggio di prima.

Buck l-a recunoscut – era fratele sălbatic de dinainte.

Il lupo grigio uggiolò dolcemente e Buck rispose con un guaito.

Lupul cenușiu a scâncit încet, iar Buck a răspuns cu un scâncet.

Si toccarono il naso, silenziosamente, senza timore o minaccia.

Și-au atins nasurile, în liniște și fără amenințări sau teamă.

Poi venne un lupo più anziano, scarno e segnato dalle numerose battaglie.

Apoi a venit un lup mai bătrân, slăbit și brăzdat de cicatrici din cauza multor bătălii.

Buck cominciò a ringhiare, ma si fermò e annusò il naso del vecchio lupo.

Buck a început să mârâie, dar s-a oprit și i-a adulmecat nasul bătrânului lup.

Il vecchio si sedette, alzò il naso e ululò alla luna.

Bătrânul s-a așezat, și-a ridicat nasul și a urlat la lună.

Il resto del branco si sedette e si unì al lungo ululato.

Restul haitei s-a așezat și s-a alăturat urletului prelung.

E ora la chiamata giunse a Buck, inequivocabile e forte.

Și acum chemarea i-a venit lui Buck, inconfundabilă și puternică.

Si sedette, alzò la testa e ululò insieme agli altri.

S-a așezat, și-a ridicat capul și a urlat împreună cu ceilalți.

Quando l'ululato cessò, Buck uscì dal suo riparo roccioso.

Când urletul s-a terminat, Buck a ieșit din adăpostul său stâncos.

Il branco si strinse attorno a lui, annusando con gentilezza e cautela.

Haita s-a strâns în jurul lui, adulmecând cu amabilitate și precauție în același timp.

Allora i capi lanciarono un grido e si precipitarono nella foresta.

Apoi, conducătorii au scos un țipăt și au fugit în pădure.

Gli altri lupi li seguirono, guaendo in coro, selvaggi e veloci nella notte.

Ceilalți lupi i-au urmat, scheunând în cor, sălbatici și rapizi în noapte.

Buck corse con loro, accanto al suo selvaggio fratello, ululando mentre correva.

Buck a alergat cu ei, alături de fratele său sălbatic, urlând în timp ce alerga.

Qui la storia di Buck giunge al termine.

Aici, povestea lui Buck se potrivește bine și la sfârșit.

Negli anni a seguire, gli Yeehats notarono degli strani lupi.

În anii care au urmat, familia Yeehat a observat lupi ciudați.

Alcuni avevano la testa e il muso marroni e il petto bianco.

Unii aveau capul și botul maro și piept alb.

Ma ancora di più temevano la presenza di una figura spettrale tra i lupi.

Dar și mai mult, se temeau de o figură fantomatică printre lupi.

Parlavano a bassa voce del Cane Fantasma, il capo del branco.

Vorbeau în șoapte despre Câinele Fantomă, liderul haitei.

Questo Ghost Dog era più astuto del più audace cacciatore di Yeehat.

Acest Câine Fantomă era mai viclean decât cel mai îndrăzneț vânător Yeehat.

Il cane fantasma rubava dagli accampamenti nel cuore dell'inverno e faceva a pezzi le loro trappole.

Câinele fantomă fura din tabere în miez de iarnă şi le rupsea capcanele.

Il cane fantasma uccise i loro cani e sfuggì alle loro frecce senza lasciare traccia.

Câinele fantomă le-a ucis câinii şi a scăpat de săgeţile lor fără urmă.

Perfino i guerrieri più coraggiosi avevano paura di affrontare questo spirito selvaggio.

Chiar şi cei mai curajoşi războinici ai lor se temeau să înfrunte acest spirit sălbatic.

No, la storia diventa ancora più oscura con il passare degli anni trascorsi nella natura selvaggia.

Nu, povestea devine şi mai întunecată, pe măsură ce anii trec în sălbăticie.

Alcuni cacciatori scompaiono e non fanno più ritorno ai loro accampamenti lontani.

Unii vânători dispar şi nu se mai întorc niciodată în taberele lor îndepărtate.

Altri vengono trovati con la gola squarciata, uccisi nella neve.

Alţii sunt găsiţi cu gâtul sfâşiat, ucişi în zăpadă.

Intorno ai loro corpi ci sono delle impronte più grandi di quelle che un lupo potrebbe mai lasciare.

În jurul corpurilor lor sunt urme – mai mari decât ar putea face orice lup.

Ogni autunno, gli Yeehats seguono le tracce dell'alce.

În fiecare toamnă, Yeehats urmează urmele elanului.

Ma evitano una valle perché la paura è scolpita nel profondo del loro cuore.

Dar evită o vale cu frica săpată adânc în inimile lor.

Si dice che la valle sia stata scelta dallo Spirito Maligno come sua dimora.

Se spune că valea a fost aleasă de Spiritul Rău drept casă a sa.

E quando la storia viene raccontata, alcune donne piangono accanto al fuoco.

Şi când se spune povestea, nişte femei plâng lângă foc.

Ma d'estate, c'è un visitatore che giunge in quella valle sacra e silenziosa.

Dar vara, un vizitator vine în acea vale sacră și liniștită.

Gli Yeehats non lo conoscono e non potrebbero capirlo.

Yeehat-ii nu știu de el și nici nu l-ar putea înțelege.

Il lupo è un animale grandioso, ricoperto di gloria, come nessun altro della sua specie.

Lupul este măreț, învăluit în glorie, ca niciun altul de felul său.

Lui solo attraversa il bosco verde ed entra nella radura della foresta.

El singur traversează copacii verzi și intră în poiana pădurii.

Lì, la polvere dorata contenuta nei sacchi di pelle d'alce si infiltra nel terreno.

Acolo, praful auriu din sacii din piele de elan se infiltrează în sol.

L'erba e le foglie vecchie hanno nascosto il giallo del sole.

Iarba și frunzele bătrâne au ascuns galbenul de soare.

Qui il lupo resta in silenzio, pensando e ricordando.

Aici, lupul stă în tăcere, gândind și amintindu-și.

Urla una volta sola, a lungo e lugubremente, prima di girarsi e andarsene.

Urlă o dată – prelung și trist – înainte să se întoarcă să plece.

Ma non è sempre solo nella terra del freddo e della neve.

Totuși, el nu este întotdeauna singur în tărâmul frigului și al zăpezii.

Quando le lunghe notti invernali scendono sulle valli più basse.

Când lungile nopți de iarnă coboară peste văile mai joase.

Quando i lupi seguono la selvaggina attraverso il chiaro di luna e il gelo.

Când lupii urmăresc vânatul prin lumina lunii și îngheț.

Poi corre in testa al gruppo, saltando in alto e in modo selvaggio.

Apoi aleargă în fruntea haitei, sărind sus și sălbatic.

La sua figura svetta sulle altre, la sua gola risuona di canto.

Silueta lui se înalță deasupra celorlalți, gâtul său vibrează de cântec.

È il canto del mondo più giovane, la voce del branco.
Este cântecul lumii mai tinere, vocea haitei.
Canta mentre corre: forte, libero e per sempre selvaggio.
Cântă în timp ce aleargă — puternic, liber și veșnic sălbatic.

www.ingramcontent.com/pod-product-compliance
Lightning Source LLC
Chambersburg PA
CBHW011730020426
42333CB00024B/2820